Johannes Weber · Der genetische Code
als Invariante der menschlichen Moral

Johannes Weber

Der genetische Code als Invariante der menschlichen Moral

Mit Dank für A.

4. überarbeitete Auflage 2016
© 2014 Johannes Weber
Satz und Layout: Buch&media GmbH, München
Umschlaggestaltung: Kay Fretwurst, Freienbrink
Herstellung und Verlag: BoD – Books on Demand
Printed in Germany · ISBN 978-3-7357-6612-0

Inhalt

1 Ziel und Aufbau 7

2 Vorbemerkungen zur Theorie des genetischen
  Codes als Invariante menschlicher Moral 11

3 Eine kurze Analyse wichtiger ethischer Theorien ... 22

3.1 Der Utilitarismus 22
    3.1.1 Der Utilitarismus Jeremy Benthams 22
    3.1.2 Der Utilitarismus John Stuart Mills 27
    3.1.3 Der Regelutilitarismus 30
3.2 Kants kategorischer Imperativ 33
3.3 John Rawls: »Eine Theorie der Gerechtigkeit« 51
    Erster Grundsatz 53
    Zweiter Grundsatz 53

4 Der genetische Code als Invariante
  menschlicher Moral 63

4.1 Das Hungergefühl und die Notwendigkeit einer
    ausreichenden Nahrungsversorgung 67
4.2 Das Durstgefühl und die Notwendigkeit einer
    ausreichenden Trinkwasserversorgung 71
4.3 Das Kälteempfinden und die Notwendigkeit von
    Wohnung und Bekleidung 74
4.4 Die Schmerzempfindlichkeit des Menschen 76
4.5 Folgerungen 81

5	**Auswirkungen auf Gesellschaft und Strafrecht**	90
5.1	Diebstahl und Lüge	90
5.2	Schwangerschaftsabbruch	107
5.3	Humangenetik	109
	Pränatale Diagnose	109
	Prädiktive genetische Diagnostik	113
	Präimplantationsdiagnostik	118
	Gentherapie	120
6	**Abschließende Gedanken**	122
	Literaturverzeichnis	125

1 Ziel und Aufbau

Ziel dieses Buches ist es, eine ethische Theorie zu entwickeln, welche zwei fundamentale Probleme besser löst, als dies die bekannten Theorien zu tun vermögen. Mit diesem Beitrag hoffe ich, dem Leser eine belastbare Grundlage für eigene Entscheidungen und Bewertungen zu geben.

Jedwede ethische Theorie steht vor mindestens zwei Problemen. Das erste lautet: Wie kann die Geltung der aus ihr abgeleiteten Normen bewiesen werden? Das zweite ist die Frage, ob verhindert werden kann, dass aus ihr für ein und dieselbe Handlung einander widersprechende moralische Wertungen abgeleitet werden können. – Das Problem der Beweisbarkeit kann meines Erachtens nicht gelöst werden. In der Vergangenheit sind viele Versuche bedeutender Philosophen gescheitert, eine ethische Theorie und die daraus abgeleiteten Normen als richtig und wahr zu beweisen. Die unüberwindbare Schwierigkeit hierbei ist, dass nicht logisch von den Prinzipien einer ethischen Theorie auf deren Geltung geschlossen werden kann. Ein gutes Beispiel hierfür ist, um ein wenig vorzugreifen, Kants »Grundlegung zur Metaphysik der Sitten«. Für ihn ist der Grund, warum die dort entwickelten moralischen Normen gelten sollen, der, dass wir als Mitglieder von Verstandes- und Sinnenwelt nur das tun sollen, was wir als Mitglieder der reinen Verstandeswelt ohnehin tun wollen. Solche Begründungen sind Bestandteil jeder ethischen Theorie. Aber es sind eben keine logisch zwingenden Schlüsse, sondern axiomatische. Warum, so könnte man fragen, sollte nicht das moralisch verbindlich sein, was wir als reine Mitglieder der Sinnenwelt tun wollen?

Die Geltung einer moralischen Norm lässt sich daher nicht im engeren Sinne beweisen, sondern setzt immer die Annahme mindestens eines Axioms voraus, auf dessen Grundlage dann geschlussfolgert werden kann. Dieses Axiom bildet also den Beweisgrund einer ethischen Theorie und kann nur aus Plausibilitätsgründen angenommen oder abgelehnt werden.
Dies mag unbefriedigend erscheinen, lässt sich aber ebenso we-

nig verhindern wie die Tatsache, dass fast alle Menschen, eingeschlossen derer, die Naturwissenschaften betreiben, die Welt auf Grundlage des Axioms betrachten, dass diese unabhängig von uns existiert. Die Annahme einer unabhängigen Welt, die jedoch durch die Sinne des Individuums erfasst werden kann, lässt sich nicht beweisen. Auch lässt sich die gegenteilige Annahme, also dass keine vom Bewusstsein eines Individuums unabhängige Außenwelt existiert, nicht eindeutig widerlegen, da kein logischer Widerspruch aus einer solchen Annahme folgt.[1] Für die Akzeptanz der Annahme, dass eine vom Individuum unabhängige Welt existiert, spricht lediglich, dass sie die Phänomene unseres Alltagslebens besser und einfacher erklären kann als ihr Gegenteil. Mehr kann man von Axiomen, welche die Beweisgrundlage aller ethischen Theorien bilden, folglich auch nicht erwarten. Jenseits der Standards wie innerer Widerspruchsfreiheit usw. hängt die Frage nach der »Beweisbarkeit« einer ethischen Theorie immer von der Antwort auf die Frage nach der Plausibilität ihrer Axiome ab.

Das zweite Problem ist hingegen nicht derart prinzipieller Natur, sondern von überragender Bedeutung für die Valenz von ethischen Theorien im Einzelnen wie auch für deren Sinnhaftigkeit im Allgemeinen: Erlaubt es eine ethische Theorie, ein und dieselbe Handlung unter sonst gleichen Bedingungen moralisch positiv oder negativ zu bewerten, lässt sie sich sehr leicht durch opportunistisch handelnde Akteure instrumentalisieren. Diese können ihre dem Eigeninteresse dienenden Handlungen, welche konträr zu den eigentlichen Zielen einer solchen ethischen Theorie stehen, als Beitrag zur Erreichung dieser Ziele tarnen, um somit allgemeine Zustimmung für ihre Handlungen zu erhalten. Sollte dieses Problem nicht lösbar sein, ginge der gesamten Moralphilosophie der Großteil ihrer Bedeutung verloren.
Das erste Problem soll im Folgenden unter den Begriff der Plau-

---

[1] Vgl. dazu ausführlich Bertrand Russells Aufsätze »Erscheinung und Wirklichkeit« sowie »Die Existenz der Materie«, in: Probleme der Philosophie, 1967, Suhrkamp Verlag, S. 9–25.

sibilität einer ethischen Theorie gefasst werden, das zweite unter den der Beliebigkeit.

Ziel dieses Buches ist es, einige der wichtigsten ethischen Theorien hinsichtlich dieser beiden Probleme zu prüfen und im Anschluss daran eine Theorie zu entwerfen, deren axiomatische Beweisgrundlage meiner Ansicht nach sehr plausibel und – viel wichtiger – deren Grad an Beliebigkeit sehr gering ist, ja gegen Null tendiert.

Im folgenden Kapitel werden einige grundlegende Ideen dieses Buches aufgezeigt. Dieser Teil stellt fragmentarisch wesentliche Gedanken dar, die zum Verständnis der späteren Argumentation hilfreich sind. Im anschließenden Kapitel werden der Grad an Beliebigkeit sowie der Grad an Plausibilität der Beweisgrundlagen bisheriger ethischer Denkansätze erörtert. Dabei wird auf die kantsche Ethik des kategorischen Imperativs, den Utilitarismus sowie auf John Rawls »Theorie der Gerechtigkeit« als Vertreter des universalistischen Kontraktualismus eingegangen. Der Begriff »Beliebigkeit« bezeichnet, wie schon gesagt, in diesem Kontext nichts anderes, als dass eine ethische Theorie es ermöglicht, ein und dieselbe Handlung zu rechtfertigen oder zu verdammen – womit eine solche Theorie ihr Ziel, nämlich das menschliche Zusammenleben in eine Richtung zu lenken, die sie mit Begriffen wie das Gute, das Richtige, das Gerechte, Glück usw. bestimmt, völlig verfehlt. Stattdessen können derart strukturierte ethische Theorien so angewendet werden, dass sie dem menschlichen Zusammenleben eine dem Anwender passende, für andere jedoch unangenehme Richtung geben oder dessen (Un-)Taten legitimieren.

Im vierten Kapitel wird der Versuch unternommen, eine ethische Theorie zu entwerfen, welche meiner Ansicht nach eine sehr plausible Beweisgrundlage besitzt und, was viel wichtiger ist, deren Grad an Beliebigkeit gegen Null tendiert. Grundlage hierfür ist das Wissen über die für das menschliche Leben notwendigen Bedingungen, welche durch die menschliche Physiologie definiert werden.

Im fünften Kapitel werden die Konsequenzen der Theorie des genetischen Codes als Invariante der menschlichen Moral für Staat und Gesellschaft untersucht. Dabei werden ethische Fragen wie Diebstahl, Lüge, Schwangerschaftsabbruch und Humangenetik behandelt. Das abschließende Kapitel dieser Arbeit beschäftigt sich mit einigen Einwänden, die gegen die Theorie des genetischen Codes als Invariante menschlicher Moral vorgebracht werden könnten.

2 Vorbemerkungen zur Theorie des genetischen Codes als Invariante menschlicher Moral

Wie begründet man eine Theorie oder, alternativ gefragt, was können Theorien leisten? Negativ ausgedrückt können sie keine unzweifelhaften Wahrheiten postulieren. Dies nicht etwa nur deshalb, weil sich immer die Frage nach dem Warum stellen lässt, sondern vielmehr, weil jede Theorie von Annahmen und Axiomen ausgeht, die nicht bewiesen werden können. Axiome können per Definition nicht bewiesen werden. So geht die Physik von der stillschweigenden Annahme aus, dass außerhalb der einzelnen Person eine unabhängige Welt existiert, die über die individuellen Sinneseindrücke jedoch erfahrbar ist und zwar auf eine für alle Menschen zumindest ähnliche Weise. Dies ist ein nicht beweisbares und auch nicht widerlegbares Axiom. Dennoch wird seit Menschengedenken Physik betrieben. Es ist einfach vernünftig, diese Annahme zu akzeptieren, da sie erklärt, was ihr ebenso wenig beweisbares Gegenteil nicht zu erklären vermag.

Dies bedeutet, dass lediglich nur gute Gründe angeführt werden können, die es vernünftig erscheinen lassen, bestimmte Axiome anzunehmen bzw. anderen vorzuziehen. Das Unterscheidungskriterium hierbei lautet, dass es wissenschaftlicher ist, Axiome zu verwenden, die mit dem Beobachtbaren im Einklang stehen.[2]

Dieses Problem der fehlenden Letztbegründung ist allen Theorien und Wissenschaften gemein. Die Entscheidung, die jeder Mensch für sich treffen muss, ist, wie er mit diesem Fakt umgeht. Betrachtet er jede Aussage als gleichermaßen »wahr«, weil letztlich ja jede auf solchen Axiomen basiert, und wählt er je nach Gemütszustand oder Ziel die gerade angenehme oder zieht er Aussagen vor, die nicht nur das Beobachtbare erklären, sondern (dies ist sehr wichtig!) auch die Möglichkeit bieten, durch das Beobachtbare widerlegt zu werden? Der erste Weg führt besten-

---

[2] Eine Aussage, die wiederum selbst ein Axiom ist.

falls in Spiritualität und Esoterik, der zweite in die Auffassung, dass es richtige und falsche Erklärungen des Beobachtbaren gibt, also zu einem naturwissenschaftlichen Verständnis der Welt.
Diesen zweiten Weg will dieses Buch beschreiten. Im Gegensatz zu vielen anderen ethischen Theorien soll versucht werden, eine zu entwickeln, die naturwissenschaftlichen Standards zumindest nahekommt. Dazu muss sie zwei Bedingungen erfüllen. Erstens muss es vernünftig erscheinen, ihre Axiome anzunehmen, diese müssen also plausibel sein. Zum anderen muss sie die Möglichkeit bieten, durch das Beobachtbare, also die Empirie, widerlegt zu werden. Sie muss also falsifizierbar sein. Dieses Ziel soll durch die folgenden drei Axiome erreicht werden.

Das erste Axiom lautet: Nur die moralischen Normen sind gültig und für jeden bindend, die aus den Rechten erwachsen, welche alle reflexionsfähigen[3] Menschen für sich in Anspruch nehmen.
Wenn im Folgenden der Terminus »alle reflexionsfähigen Menschen« gebraucht wird, so meint dieser immer mindestens 99,95 Prozent, jedoch weniger als 100 Prozent aller reflexionsfähigen Menschen. Diese Einschränkung ist bei empirischen Theorien, zu denen ethische Theorien nun einmal zählen, unvermeidlich, ohne jedoch zwingend ihre Gültigkeit einzuschränken. So konnte Mendel bei der Aufstellung der nach ihm benannten Regeln bei realer Beobachtung nicht exakt die Zahl an weitervererbten Merkmalen ermitteln, die er theoretisch postulierte – dies schmälert jedoch seinen Beitrag zur Vererbungslehre

[3] Die Beschränkung auf reflexionsfähige Menschen ist dem Wunsch nach einem Höchstmaß an Falsifizierbarkeit geschuldet, also dem Wunsch, dass die Aussagen einer Theorie die Möglichkeit enthalten müssen, widerlegbar zu sein. Da der in Kapitel vier geschilderte, über den Metabolismus wirkende Einfluss des genetischen Codes auf den menschlichen Willen auch bei nicht reflexionsfähigen Menschen zum Tragen kommt, könnte man das Attribut reflexionsfähig auch auslassen. Nur können diese Menschen nicht befragt werden, um die angenommenen Folgerungen aus diesem Wirken zu falsifizieren. Das heißt, diese Menschen können keine der Theorie des genetischen Codes als Invariante menschlicher Moral widersprechenden Aussagen treffen.

keineswegs.⁴ Die Fähigkeit zur Reflexion gilt bei all jenen Menschen als gegeben, die langfristige Projektionen einer möglichen Zukunft entwerfen und die Verwirklichung derselben bei Bedarf auch anstreben können. Was macht dieses Axiom nun so plausibel bzw. warum ist es sinnvoll, es zu akzeptieren?

Hierfür sprechen mehrere Gründe. Zum einen ist die Menschheit selbst eine sehr gute Quelle, um ethische Theorien auf ihre Legitimität zu prüfen. Nur Menschen sind in der Lage, über die eigenen als auch über die Handlungen anderer zu reflektieren. Daher ist die Menschheit die einzige Instanz, die über gebotene und verbotene Handlungen moralische Urteile fällen kann. Es ist einfach sinnvoll, genau hier anzusetzen. Es stellt sich schlicht die Frage, was moralisch verbindlicher sein sollte als die Rechte, die jeder Mensch für sich in Anspruch nimmt. Man kann natürlich einwenden, die Gebote Gottes oder die Folgerungen aus abstrakten oder hypothetischen Lehrsätzen sollten moralisch bindend sein. Aber was hat die zweifelhafte Existenz eines Gottes oder was haben abstrakte und hypothetische Lehrsätze mit dem Menschen zu tun? Herzlich wenig!

Zum anderen spricht für die Akzeptanz des ersten Axioms, dass sich mit seiner Hilfe, wie noch gezeigt werden wird, eine ethische Theorie aufbauen lässt, die, abgesehen von den beiden anderen Axiomen dieser Arbeit, keiner weiteren Annahmen mehr bedarf. Dies zeichnet sie vor vielen anderen ethischen Theorien aus. Betrachten wir beispielsweise aus religiösen Überzeugungen abgeleitete ethische Theorien. Sie setzen unter anderem die Annahmen/Axiome voraus, dass

1. es einen Gott gibt,
2. dieser weiß, was es für einen Menschen heißt, moralisch zu handeln,
3. dieser Gott ein guter Gott ist,
4. seine kodifizierten Verhaltensanweisungen tatsächlich von ihm stammen und nicht manipuliert wurden und

---

4   Vgl. Michel Serres, Nayla Farouki (Hrsg.): Thesaurus der exakten Wissenschaften, 2001, 2. Auflage, Verlag Zweitausendeins, S. 607.

5. diese Verhaltensanweisungen von den Vertretern einer auf Gottesglauben basierenden ethischen Theorie korrekt ausgelegt werden.

Hierbei spielen, wie betont werden soll, Überlegungen analog Ockhams Rasiermesser[5] keine Rolle. Denn da überhaupt keine Aussage über die Eintrittswahrscheinlichkeit eines Axioms oder einer Annahme gemacht werden kann, also eine Entscheidungssituation unter Unsicherheit und nicht unter Risiko vorliegt, ist es nicht korrekt anzunehmen, dass eine Theorie mit wenigen oder nur einem Axiom wahrscheinlicher wahr ist als eine Theorie mit vielen Axiomen.[6] Vielmehr sprechen für Theorien mit wenigen Axiomen ihre leichtere praktische Anwendung sowie ihre bessere Vermittelbarkeit im intersubjektiven Dialog. Ebenfalls lassen sich einfachere Theorien leichter widerlegen, haben also einen höheren Falsifizierbarkeitsgrad.[7]

Des Weiteren spricht für die Akzeptanz des ersten Axioms meines Erachtens nach aber ein noch weit größerer Vorteil, und zwar dass es keine hypothetische Situation konstruiert, sondern den Boden der Empirie nicht verlässt! Dies macht die gesamte Theorie des genetischen Codes als Invariante menschlicher Moral weit besser falsifizierbar und weniger spekulativ als die meisten anderen ethischen Theorien.

Das zweite Axiom lautet: Wahr ist ein Satz dann und nur dann, wenn er mit den Tatsachen, die er beschreibt, übereinstimmt.[8]

---

[5] Ockhams Rasiermesser steht bezeichnend für die Idee, dass von konkurrierenden Theorien, welche denselben Sachverhalt zu erklären suchen, diejenige vorzuziehen ist, die mit der geringsten Zahl von Axiomen auskommt.

[6] Eine Entscheidungssituation unter Risiko liegt vor, wenn die Eintrittswahrscheinlichkeit eines Umweltzustandes bekannt ist, in unserem Fall also die Wahrscheinlichkeit, dass ein Axiom tatsächlich wahr ist. Demgegenüber versteht man unter einer Entscheidungssituation unter Unsicherheit eine Situation, in der die Eintrittswahrscheinlichkeit eines Umweltzustandes nicht bekannt ist.

[7] Vgl. Karl Popper: Logik der Forschung, 2005, Mohr Siebeck, S. 120 ff.

[8] Vgl. Alfred Tarski: Der Wahrheitsbegriff in den formalisierten Spra-

Für die Akzeptanz des zweiten Axioms spricht, dass es ohnehin dem Wahrheitsbegriff der meisten Menschen entspricht und ebenfalls in den exakten Wissenschaften akzeptiert und angewandt wird.

Das dritte Axiom lautet: Es ist nicht gestattet, einen Menschen, der nichts Unmoralisches getan hat, in seiner großräumigen Bewegungsfreiheit einzuschränken.[9]

Das dritte Axiom wird auf allgemeine Zustimmung stoßen, da es dem allgemeinen Gerechtigkeitsempfinden entspricht, ohne jedoch einer bestimmten Auffassung von moralischem oder unmoralischem Handeln den Vorzug zu geben. Denn auch bei widerstreitenden Auffassungen über moralische oder unmoralische Taten stimmen die Menschen doch darin überein, dass ein Mensch, der nichts Unmoralisches getan hat, nicht in einer solchen Form betraft werden soll. Die Aufgabe des dritten Axioms dieser Arbeit ist, da es ebenfalls in fast allen anderen ethischen Theorien zumindest stillschweigend Anwendung findet, weniger spezifisch, aber dennoch unverzichtbar. Es stellt sicher, wie in allen anderen ethischen Theorien auch, dass ein Mensch, der nichts Unmoralisches tut, nicht bestraft werden darf, und sichert

---

chen, in: K. Berka/L. Kreiser (Hrsg.): Logik-Texte, Akademie-Verlag, Berlin, 1986, S. 513 i.V.m. Fußnote 10 auf S. 458, in der Tarski schreibt:»Indem wir eine beliebige Definition einer wahren Aussage, die für diese oder jene formalisierte Sprache konstruiert wurde, in die Umgangssprache übersetzen, erhalten wir eine fragmentarische Definition der Wahrheit, welche eine weitere oder engere Kategorie von Aussagen umfasst.« Vgl. auch Karl Popper: Logik der Forschung, 2005, Mohr Siebeck, S. 261 f.
Einen widerspruchsfreien Wahrheitsbegriff für die Umgangssprache zu definieren, scheitert immer dann, wenn selbstbezügliche Satzkonstruktionen innerhalb der Umgangssprache Verwendung finden. Deshalb werden im Sinne der eben genannten Fußnote 10 in dieser Arbeit nur Kategorien von Aussagen verwendet, welche nicht selbstbezüglich sind, sodass Tarskis Definition eines wahren Satzes in dieser Arbeit Anwendung finden kann.

[9] Physische Formen der Bestrafung verbieten sich, wie noch gezeigt werden wird, ohnehin.

somit, dass sich die potenziellen Folgen aus den Anwendungen einer ethischen Theorie auch realisieren lassen.

Es stellt sich nun natürlich die Frage, wie durch das Zusammenwirken dieser Axiome das Ziel dieser Arbeit, eine ethische Theorie zu entwickeln, welche naturwissenschaftlichen Standards zumindest nahe kommt, erreicht werden kann.

Der erste Baustein hierfür ist das zweite grundlegende Axiom, also dass ein Satz dann und nur dann wahr ist, wenn er mit den Tatsachen, die er beschreibt, übereinstimmt. Wie kann dieses Axiom nun aber auf die hier zu entwickelnde ethische Theorie angewendet werden? Hier kommt uns nun im Gegensatz zu den Naturwissenschaften zugute, dass wir unser Untersuchungsobjekt, über das wir eine falsifizierbare Aussage treffen möchten, direkt befragen können. Die Naturwissenschaften verwenden verschiedenste Messmethoden, um zum Beispiel die Auswirkungen eines starken Magnetfeldes auf ein Atom zu untersuchen. Um eine entsprechende Theorie zu falsifizieren, werden die hierbei gewonnenen Daten mit den Aussagen dieser Theorie verglichen. Wir hingegen können die Menschen (unsere Bezugsobjekte) direkt befragen und somit unsere Theorie einer Falsifikation unterziehen.

Somit ist die Anwendbarkeit des zweiten grundlegenden Axioms innerhalb dieser Arbeit gegeben. Dieses Axiom ist im obigen Sinne vernünftig, kann aber nicht bewiesen werden. Es findet hier Verwendung, weil es ebenfalls in den exakten Wissenschaften angewandt wird als auch dem Wahrheitsbegriff der meisten Menschen entspricht. Dies tut es, da es vieles erklärt und somit eine zentrale Forderung, welche man an Axiome stellen sollte, erfüllt. Unbestritten nimmt eine ethische Theorie den Platz der Sätze ein. Bezugs- oder Untersuchungsobjekt dieser Sätze sind die Menschen, also nehmen sie den Platz der Tatsachen ein. Folglich lässt nur die Kombination von ethischer Theorie (Sätzen) mit Menschen (Tatsachen) eine Aussage über den Wahrheitsgehalt einer ethischen Theorie im Sinne der ersten beiden Axiome zu. Diese Aussage artikuliert sich in einer Übereinstimmung von Satz und Tatsache und gilt als bewiesen, wenn diese Übereinstimmung für jedermann nachprüfbar expliziert wurde.

Nun erhebt sich der Einwand, wie man eine Übereinstimmung zwischen einer ethischen Theorie und Tatsachen explizieren kann, wenn die Menschen auf Grund ihrer Individualität möglicherweise unterschiedliche Antworten auf ein und dieselbe ethische Fragestellung geben werden. Die Lösung dieses Problems liegt darin, die Schnittmenge der Antworten zu identifizieren. Sollten die Antworten[10] aller Menschen auf eine Frage ethischer Dimension eine gemeinsame Schnittmenge[11] aufweisen und könnte diese gefunden werden, wäre ein moralischer Standard im Sinne des ersten Axioms definiert. Zur Auffindung dieser gemeinsamen Schnittmenge wird die Humangenetik in Anspruch genommen. Sie definiert bedingt durch die menschliche Biologie bestimmte lebensnotwendige Umweltbedingungen und physiologische Eigenschaften.

Wie noch gezeigt werden wird, verlangen alle Menschen gegenüber allen anderen, dass diese jegliche Handlungen unterlassen, welche ihnen die Erfüllung der lebensnotwendigen Bedingungen mittel- oder unmittelbar erschweren bzw. unmöglich machen. Die daraus ableitbaren Rechte definieren sich als auf Verlangen zu erfüllender Anspruch eines jeden Menschen. Diese Rechte werden den Normen des ersten Axioms zugrunde liegen.

Diese hier nur skizzenhaft dargestellten Überlegungen werden im vierten Kapitel dieses Buches ausführlich diskutiert und dargelegt.

Moralische Normen, die nicht auf diesem Weg gefunden werden können, könnten unter der Annahme, sie stammten vom weisesten unter den Menschen, durchaus richtig in einem Sinne sein, dass ihnen Geltung verschafft werden sollte. Leider ist eine solche Norm nicht von einer Norm zu unterscheiden, die den ge-

---

[10] Es ist natürlich klar, dass dies in der Praxis unmöglich ist. Ein Weg, wie dieser Gedanke jedoch auf einer anderen Ebene umgesetzt werden kann, ohne dabei seine Verbindung zur Menschheit zu verlieren, wird in Kapitel vier beschrieben.

[11] Dass dies nicht die Menge sein wird, die keinerlei Elemente enthält, mit anderen Worten die leere Menge, wird ebenfalls in Kapitel vier gezeigt.

nannten Selektionsprozess zum Opfer fiel, da sie nur eine durch die Lebensumstände erzeugte moralische Disposition darstellt, wie sie z. B. im Nahostkonflikt tausendfach zu finden ist. Dies bedeutet, dass es durchaus im eben genannten Sinne richtige moralische Normen geben kann, die jedoch nicht beweisbar sind. Beweisbarkeit im Sinne des zweiten Axioms, das daher Bestandteil einer jeden ethischen Theorie sein sollte, ist jedoch das zentrale Argument, will man nicht in eine vorwissenschaftliche Ära zurückfallen, in der (ethische) Theorien nebeneinanderstehen, ohne dass es möglich ist, zu unterscheiden, welche die Tatsachen beschreiben und welche dies nicht tun, sondern, wie im Falle der Ethik möglich, nur dazu dienen, Deckmantel für Partikularinteressen zu sein. Die Struktur der Theorie des genetischen Codes als Invariante menschlicher Moral lässt, wie noch gezeigt werden wird, einen solchen Missbrauch jedoch nicht zu.

Natürlich kann aufgrund des zweiten Axioms allein keine ethische Theorie gegründet werden, da es zwar die Konstruktion einer wahren Aussage über das moralische Wollen aller Menschen ermöglicht, jedoch nicht nachweisen kann, warum dieses Wollen moralisch verbindlich sein soll. Es ist mindestens noch ein weiteres Axiom nötig, das die so gefundenen Standards als verbindlich erklärt. Dieses Axiom beansprucht, wie gesagt, seine »Wahrheit« auf Basis seiner Plausibilität. Darüber hinaus muss es allerdings über eine bestimmte Eigenschaft verfügen, damit eine ethische Theorie einen einigermaßen gesicherten Anspruch auf Wissenschaftlichkeit geltend machen kann: Es muss die Anwendung des zweiten Axioms dieser Arbeit auf sich zulassen. Das heißt, es muss eine starke Verbindung zur Empirie aufweisen. Diese Eigenschaft besitzt das erste grundlegende Axiom – also die hier noch vorläufig formulierte Aussage, dass nur die moralischen Normen als für jeden bindend gelten, die aus den Rechten erwachsen, welche alle reflexionsfähigen Menschen für sich in Anspruch nehmen.

Dieser Gedanke über die Verknüpfung der beiden genannten Axiome ist von nicht zu unterschätzender Bedeutung. Lassen es der Aufbau und der Inhalt einer ethischen Theorie nicht zu, dass das zweite Axiom dieser Arbeit auf eine solche Theorie angewendet werden kann, ist die Richtigkeit der in diesen Theorien vorgenommenen Ableitungen schlicht und einfach nicht überprüfbar. So lassen sich beispielsweise ethische Theorien, die hypothetische Situationen zur Grundlage haben, aus denen sie Folgerungen abstrakten Inhalts ableiten, nicht mithilfe des zweiten Axioms prüfen, da hypothetische Situationen und Folgerungen abstrakten Inhalts Sätze sind, die mit keinen Tatsachen korrespondieren. Hier liegt also die Schnittstelle zwischen den ersten beiden Axiomen.[12] Sie sichert die Falsifizierbarkeit und damit die Wissenschaftlichkeit der hier zu entwickelnden ethischen Theorie.

Dieses Muss an Falsifizierbarkeit bedingt natürlich, dass die befragten Menschen ein solches Minimum an Reflexionsfähigkeit besitzen, um sinnvoll antworten zu können. Dies trifft hier auf all jene Menschen zu, bei denen die Entwicklung des Gehirns soweit abgeschlossen ist, dass es im Vergleich zur rasanten embryonalen und frühkindlichen Entwicklung nur noch geringe Veränderungen seiner Struktur erfährt und dabei seinem Träger ermöglicht, Projektionen einer möglichen Zukunft zu entwerfen und die Verwirklichung dieser bei Bedarf anzustreben. Dieses aus diesen Antworten hervorgehende, im genannten Sinne beweisbare Minimum an Rechten soll, wie gesagt, für alle Menschen unabhängig von ihrer Fähigkeit zur Reflexion gelten. Diese Forderung ist bei Weitem nicht so willkürlich, wie es auf den ersten Blick scheinen mag. Tatsächlich beschreibt und verträgt sie sich sehr gut mit einer Realität, in der reflexionsfähige Eltern ihren Kindern[13] – wozu sie ja auch gesetzlich aufgefordert und verpflichtet sind – zu deren Schutz und in Anerkennung einer noch geringen Fähigkeit zur Reflexion vorschreiben, keinem Fremden zu folgen oder beim Anblick von Freunden nicht blind-

---

[12] Der im vierten Kapitel noch zu ergründende Inhalt des ersten Axioms, also die Antwort auf die Frage, welche Rechte jeder reflexionsfähige Mensch für sich in Anspruch nimmt, wird durch das zweite Axiom einer Falsifizierung unterzogen. Sollte dieser Test erfolgreich sein, definiert die Aussage des ersten Axioms die Rechte eines jeden Menschen und die daraus folgenden Normen axiomatisch.

[13] Oder analog auch ihren dementen Eltern.

lings über die Straße zu laufen. Das heißt, die Übertragung von Erkenntnis aus mental höher organisierten Systemen auf mental geringer organisierte ist in der menschlichen Realität üblich.

Ich hoffe, es ist nun klar geworden, dass die Struktur der Theorie des genetischen Codes als Invariante menschlicher Moral der Struktur einer naturwissenschaftlichen Theorie entspricht, dass also die Aussagen über die Rechte, die jeder reflexionsfähige Mensch für sich in Anspruch nimmt, ebenso durch das zweite Axiom dieser Arbeit überprüfbar sind wie z.B. physikalische Aussagen über die Bahnen von Planeten – dass aber die Festlegung, dass nur den moralischen Normen Gültigkeit und Verbindlichkeit zukommt, die aus diesen Rechten erwachsen, ebenso axiomatisch, also per Definition nicht beweisbar ist wie die Annahme, dass Planeten überhaupt unabhängig von unserem Geist existieren. Es muss also wie bei jeder wissenschaftlich zu nennenden Theorie zwischen wahr und plausibel unterschieden werden.

Einige Teile einer ethischen Theorie, wie auch jeder anderen, können wahr im Sinne Tarskis, also rein wissenschaftlich überprüfbar sein, wenn man zugrunde legt, dass eine von unseren Sinnen unabhängige Welt existiert, die diesen unseren Sinnen jedoch zugänglich ist. Andere Teile, wie die Annahme, dass die Welt und unsere Sinne im eben genannten Verhältnis zueinander stehen, können zwangsläufig nur plausibel im Sinne von axiomatischen Setzungen sein, welche immer nur aufgrund ihrer hohen Plausibilität als »wahr« akzeptiert werden. Wie gesagt, sind selbst die Naturwissenschaften auf solche durch plausible Axiome gegründete »Wahrheiten« angewiesen – daher erst recht die Geisteswissenschaften.

Der Sinn eines solchen Vorgehens liegt darin, dass jede ethische Theorie, die für sich in Anspruch nimmt, nur moralische Normen im Sinne des ersten und zweiten Axioms zu enthalten, leicht dadurch geprüft werden kann, dass man die Menschen befragt. Widersprechen deren Antworten den Grundannahmen einer solchen ethischen Theorie, ist diese schlicht falsch. Im Gegensatz dazu können Menschen in hypothetischen Situationen nicht befragt werden. Eine Überprüfung ethischer Theorien, welche auf vermeintlichen Aussagen von Menschen in solchen Situationen beruhen oder auf deren Bewertungen einer Handlung, ist nicht möglich. Ebenso verhält es sich bei ethischen Theorien, welche auf Gottesglauben basieren. Da sich solche der Prüfung durch das Beobachtbare entziehen, also nicht falsifizierbar sind, kann man aus ihnen zumeist sowohl die Rechtfertigung als auch die Verdammung ein und derselben Handlung ableiten. Nur die beiden genannten Axiome sichern daher in ihrem Zusammenwirken die Möglichkeit der Überprüfbarkeit und somit den Anspruch auf Wissenschaftlichkeit der hier zu entwickelnden ethischen Theorie des genetischen Codes als Invariante menschlicher Moral.

Da diese sowohl Anspruch erhebt auf Plausibilität hinsichtlich ihrer Axiome, also ihrer Beweisgrundlagen, als auch ein gegen Null tendierendes Maß an Beliebigkeit beansprucht, muss sie sich auf den ethischen Willen der reflexionsfähigen Menschheit gründen und dies auch nachweisen können. Im Rahmen ihrer Darstellung soll in diesem Sinne die Grundannahme nachgewiesen werden, dass es Rechte gibt, die jeder reflexionsfähige Mensch für sich einfordert. Daher sind alle Handlungen oder Handlungsnormen, die gegen dieses gemeinsame Minimum an Rechten verstoßen, gemäß des ersten Axioms sanktionswürdig. Dies bedeutet aber auch, dass alle Handlungen, die gegen Rechte verstoßen, die nur ein Teil der reflexionsfähigen Menschen[14] für sich in Anspruch nimmt, moralisch legitim sind.

---

[14] Beispielsweise seien hier die Gruppe der Bezieher von Kapitalerträgen oder die Angehörigen einer bestimmten Volksgruppe oder Glaubensrichtung genannt.

3 Eine kurze Analyse wichtiger ethischer Theorien

In diesem Kapitel werden die in der Einleitung genannten ethischen Theorien im Hinblick darauf untersucht, inwieweit sie die Möglichkeit bieten, widerlegbar, also falsifizierbar zu sein. Ebenso werden die Plausibilität ihrer Axiome selbst sowie ihr Grad an »Beliebigkeit« diskutiert. Dazu wird eine knappe Einführung in die jeweilige Theorie vorangestellt, welche sich hauptsächlich an der Primärquelle orientiert.

3.1 Der Utilitarismus

3.1.1 Der Utilitarismus Jeremy Benthams

Jeremy Bentham als eigentlicher Begründer des Utilitarismus vertritt gegenüber seinen Kritikern eine sehr kompromisslose Konzeption. Für ihn leitet sich sein Prinzip der Nützlichkeit direkt von der seiner Meinung nach unumstößlichen Tatsache ab, dass Leid und Freude allein die Antriebsfedern menschlichen Handels seien und darüber hinaus auch den Maßstab der moralischen Dimensionen von Richtig oder Falsch bildeten.[15] Unter dem Prinzip der Nützlichkeit, das seiner Ansicht nach weder bewiesen werden kann noch überhaupt eines Beweises bedarf[16], versteht er »jenes Prinzip […], das schlechthin jede Handlung in dem Maß billigt oder mißbilligt, wie ihr die Tendenz innezuwohnen scheint, das Glück der Gruppe, deren Interesse in Frage steht, zu vermehren oder zu vermindern, oder – das gleiche mit anderen Worten gesagt – dieses Glück zu befördern oder zu verhindern«.[17] Die im Zitat genannten Handlungen entsprechen dem Prinzip der Nützlichkeit, »wenn die ihr innewohnende Tendenz, das Glück der Gemeinschaft zu vermehren, größer ist als irgendeine andere ihr innewohnende Tendenz, es zu vermindern«.[18]

---

[15] Vgl. Jeremy Bentham: Eine Einführung in die Prinzipien der Moral und der Gesetzgebung, in: Otfried Höffe (Hrsg.): Einführung in die utilitaristische Ethik, 2003, 3. Auflage, A. Francke Verlag, S. 55.
[16] Ebd., S. 58.
[17] Ebd., S. 56.
[18] Ebd., S. 57.

Nachdem Bentham erklärt hat, wie sich gemäß dem Prinzip der Nützlichkeit moralisch gebotene Handlungen von moralisch verbotenen unterscheiden, bleibt ihm das Problem, die bis zu diesem Punkt nur theoretischen Überlegungen der Anwendbarkeit in der Praxis des Lebens zuzuführen. Er versucht dieses Problem zu lösen, indem er den Wert einer Freude oder eines Leides bestimmt.[19] Er bestimmt diesen Wert mithilfe der Kategorien Intensität, Dauer, Gewissheit oder Ungewissheit, Nähe oder Ferne. Um nun aber die Tendenz einer Handlung zu beurteilen, die Freude oder Leid hervorbringt, führt Bentham zwei weitere Kategorien ein. Dies sind die Folgeträchtigkeit[20] und die Reinheit[21] einer Freude oder eines Leides. Hierauf aufbauend ermittelt er für jedes einzelne von einer Handlung betroffene Individuum den Wert der Freude und den Wert des Leides, den diese Handlung, inklusive deren Folgen, bei ihm hervorruft. Überwiegt die Freude, ist die Handlung bezogen auf das Individuum insgesamt tendenziell gut; überwiegt das Leid, ist die Handlung insgesamt tendenziell schlecht.[22]

Um eine Handlung zu bewerten, die mehr als eine Person betrifft, soll das eben genannte Verfahren auf jedes einzelne Individuum aus der betroffenen Gruppe angewendet werden. Dazu werden die Zahlen, die den Grad der guten Tendenz repräsentieren, addiert, jedoch nur von den Personen, für die die Handlung insgesamt eine gute Tendenz hat. Das Gleiche tue man für diejenigen, für die die Handlung eine schlechte Tendenz hat. Abschließend zieht man Bilanz. Überwiegt die gute Tendenz, folgt daraus für die Gruppe eine allgemein gute Tendenz der Handlung und sie ist zu billigen, überwiegt die schlechte Tendenz, folgt daraus eine allgemein schlechte Tendenz der

---

[19] Ebd., S. 79 f.
[20] »[...] die *Folgeträchtigkeit* der Freude oder des Leids oder die Wahrscheinlichkeit, daß auf sie Empfindungen von *derselben* Art folgen«, ebd., S. 79.
[21] »[...] die *Reinheit* der Freude oder des Leids oder die Wahrscheinlichkeit, daß auf sie *nicht* Empfindungen von *entgegengesetzter* Art folgen«, ebd., S. 79 f.
[22] Ebd., S. 81.

Handlung für die Gruppe der betroffenen Individuen und die Handlung ist zu missbilligen.[23]

Der Utilitarismus Benthams unterliegt also einem rechnerischen Kalkül, welches eine entsprechende Anleitung ergibt, wie Handlungen moralisch zu werten sind, ohne seine Geltung auf bestimmte Handlungsfelder einzuschränken.

Es stellt sich nun die Frage nach der Beliebigkeit dieser Theorie, das heißt die Frage, ob die Menschen unter Anwendung dieser Anleitung ein und dieselbe Handlung sowohl als moralisch gut als auch als moralisch schlecht bewerten können. Nehmen wir als einführendes Beispiel die kontrovers diskutierte Frage der Legalisierung aktiver Sterbehilfe seitens des Gesetzgebers. Die Befürworter argumentieren mit dem ihrer Meinung nach unzumutbaren Leiden, das den Sterbenden eine langsame, quälende Agonie bereitet, und dem Recht auf einen selbstbestimmten Tod in Würde. In den Kategorien Benthams ausgedrückt, legen sie ihr argumentatives Gewicht auf die Kategorien Intensität und Dauer des Leides. Ihre Gegner in dieser Diskussion argumentieren, dass die Legalisierung aktiver Sterbehilfe einen – angesichts knapper Gesundheitsetats und zerfallender familiärer Bindungen – gesellschaftlichen Druck auf unheilbar Kranke, sich töten zu lassen, zur Folge hätte und so nicht mehr die Vermeidung von Leid im Vordergrund der Sterbehilfe stünde, sondern die Schonung von Ressourcen. Sie legen also ihr argumentatives Gewicht auf die Kategorien Folgeträchtigkeit bzw. Reinheit. Beide Parteien bewerten dabei ein und dieselbe Handlung, und zwar Legalisierung aktiver Sterbehilfe seitens des Gesetzgebers. Wie wir sehen, erlaubt die Anwendung von Benthams Utilitarismuskonzeption beiden Parteien, ein und dieselbe moralische Fragestellung einander widersprechend zu beantworten, ohne sich in Widerspruch zu dieser ethischen Theorie zu begeben.

Es ließen sich leicht zahlreiche weitere Beispiele dieser Art finden. Ein Grund dafür liegt in den Kategorien, mit denen Bentham den Wert einer Freude oder eines Leides sowie die Tendenz einer Handlung bestimmen will. Um einen solchen Wert »errech-

---

[23] Ebd., S. 81.

nen« zu können, benötigt man mindestens eine Intervallskala, mit der sich die genannten Kategorien messen lassen.[24] Bentham versäumt es aber, eine solche anzugeben. Bisher ist ein solcher Versuch, die Präferenzen der Menschen in kardinales Messniveau, zu denen die Intervallskala zählt, zu fassen, nicht gelungen. So erlaubt es seine Theorie jedem entsprechend dem eigenen Empfinden oder den eigenen Überzeugungen, diese Skalen sowie die Gewichtungen der einzelnen Kategorien zueinander selbst festzulegen und je nach Bedarf oder Wunsch auch zu ändern. So kann ein glühender Gegner jeglicher Form von Sterbehilfe diese auch ohne Weiteres gutheißen, sollte ihm selbst eine lange und quälende Agonie vorhergesagt werden. Ein weiterer Grund für den Dissens hinsichtlich der beispielhaften Bewertung der Sterbehilfe ist die Frage, ob es, jenseits aller messtheoretischen Probleme, überhaupt möglich ist, die von Bentham genannten Kategorien miteinander zu verrechnen. Dies muss, wie weiter unten ausgeführt, ernstlich bezweifelt werden. Es trifft Bentham hier sein gegenüber Kritikern, welche andere ethische Theorien vertreten, vorgebrachtes Argument, sie sollten prüfen, ob diese alternativen Theorien zum Utilitarismus nichts anderes sind als »eine Art Phrase, die im Grunde nicht mehr und nicht weniger als die bloße Bekräftigung seiner eigenen unbegründeten Gefühle zum Ausdruck bringt«[25]. Der Utilitarismus Benthams lässt also zu, dass aus ihm sich widersprechende moralische Wertungen ein und derselben Handlung abgeleitet werden können, mit der Folge, dass diese ethische Theorie als sehr beliebig gelten muss.

Diesem Einwand kann man entgegenhalten, dass dieses Problem nicht in der Theorie begründet liegt, sondern im unterschiedlichen Erkenntnisstand der Anwender dieser Theorie hinsichtlich der zu bewertenden Fakten und ihrer mentalen

---

[24] Zusätzlich zu einer Rangordnung, die einen Vergleich wie »besser als«, »schlechter als«, »größer als«, »kleiner als« usw. abbildet, was ordinalem Skalenniveau entspricht, müssen bei einer Intervallskala die Abstände zwischen den verschiedenen Merkmalsausprägungen exakt bestimmbar sein. Nur dann sind Addition und Subtraktion sinnvoll möglich.

[25] Ebd., S. 60.

Möglichkeiten, dieses Wissen im Sinne der Theorie korrekt anzuwenden. Dieser Einwand verfehlt sein Ziel, da er weder das Problem der Messbarkeit menschlicher Präferenzen auf kardinalem Niveau noch die Frage der Saldierung der zuvor genannten Kategorien[26] löst.

In diesem Zusammenhang stellt sich nun auch die Frage nach der Falsifizierbarkeit der aus den Benthamschen Axiomen resultierenden Ableitungen, also ob sich prüfen lässt, ob die Aussagen dieser Ableitungen, wie zum Beispiel eine moralische Wertung oder deren Grundlage, mit den Tatsachen, die sie beschreiben, übereinstimmen. Dies muss wiederum mit einem Verweis auf die genannten messtheoretischen Schwierigkeiten des Utilitarismus verneint werden. Aus dem daraus resultierenden Fehlen einer Möglichkeit, die Aussagen des Benthamschen Utilitarismus mit den Tatsachen, die diese ethische Theorie zu beschreiben sucht, abzugleichen, folgt, dass sie wissenschaftlichen Standards nicht genügt.

Die Tatsache, dass Bentham richtig erkannt hat, dass sich seine grundlegenden Axiome nicht beweisen lassen, führt uns zur Beurteilung des Grades der Plausibilität dieser Axiome. Der Aussage, dass Leid und Freude allein die Antriebsfeder menschlichen Handels sind und darüber hinaus auch den Maßstab der moralischen Dimensionen von Richtig oder Falsch bilden, mag man noch zustimmen. Schwieriger ist jedoch das Axiom, dass sich Freude und Leid miteinander verrechnen lassen, als würden sie mit der gleichen Einheit gemessen. Bentham geht sogar noch einen Schritt weiter, denn er setzt ja voraus, dass sich die Freude des einen mit dem Leid des anderen verrechnen lässt. Hier gibt es keinen Grund, dem zuzustimmen. Das gegenteilige Axiom, dass sich Freude und Leid nicht, insbesondere schon gar nicht zwischen Menschen verrechnen lassen, also die Unmöglichkeit, die Freude des einen mit dem Leid des anderen zu saldieren, erscheint plausibler. Auch wurde bis jetzt nicht nachgewiesen,

---

[26] Also die Kategorien Intensität, Dauer, Gewissheit oder Ungewissheit, Nähe oder Ferne einer Freude oder eines Leides sowie die Folgeträchtigkeit und die Reinheit einer Handlung.

dass überhaupt eine Einheit existiert, mit deren Hilfe man eine solche Saldierung vornehmen könnte.

Das abschließende Urteil lautet daher, dass diese ethische Theorie hinsichtlich ihrer Axiome mittelmäßig plausibel ist. Jedoch ist sie aufgrund ihres hohen Grades an »Beliebigkeit« für die Lösung ethisch-moralischer Problemstellungen ungeeignet.

3.1.2 Der Utilitarismus John Stuart Mills

John Stuart Mills in seinem Werk »Utilitarianism« niedergeschriebene Verteidigung des Utilitarismus gegen zeitgenössische Kritik geht mit einer Modifizierung desselben gegenüber der Benthamschen Konzeption einher. Wesentlich sind hierbei zwei Punkte. Zum einen plädiert er dafür, dass bei der Bewertung einer Freude nicht nur ihre Quantität, sondern auch ihre Qualität zu berücksichtigen ist.[27] Qualitativ höherwertiger ist eine Freude gegenüber einer anderen dann, wenn sie »von allen oder nahezu allen, die beide erfahren haben [...], entschieden bevorzugt wird«.[28]

Zum anderen[29] unternimmt Mill den ernsthaften Versuch, das Nützlichkeitsprinzip, welches er von Bentham übernimmt, zu beweisen, soweit dies seiner Meinung nach möglich ist. Dass das allgemeine Glück wünschenswert ist, in den Worten Benthams das Glück der Gemeinschaft, lässt sich seiner Meinung nach dadurch so weit als möglich beweisen, dass jedes Individuum sein eigenes Glück anstrebt. Er schreibt hierzu: »Da dieses jedoch eine Tatsache ist, haben wir damit nicht nur den ganzen Beweis, den der Fall zulässt, sondern alles, was überhaupt als Beweisgrund dafür verlangt werden kann, dass Glück ein Gut ist: nämlich dass das Glück jedes Einzelnen für diesen ein Gut ist und dass daher das allgemeine Glück ein Gut für die Gesamtheit der Menschen

---

[27] Vgl. John Stuart Mill: Utilitarianism – Der Utilitarismus, 2006, Reclam, S. 27f.
[28] Ebd., S. 29.
[29] Dies ist genau genommen keine Modifizierung, sondern der Versuch, den Utilitarismus wissenschaftlich besser zu fundieren.

ist.«³⁰ Aus dieser Argumentation, so Mill, »hat das Glück seinen Anspruch begründet, *einer* der Zwecke des Handelns und folglich eines der Kriterien der Moral zu sein«.³¹ Im fünften und letzten Kapitel seines Werkes versucht Mill, die Prinzipien der Gerechtigkeit aus denen der Nützlichkeit abzuleiten. Dieser, wie aus dem Nachwort zu erfahren, erst später eingearbeitete Teil fügt seiner Utilitarismuskonzeption jedoch nichts Substanzielles mehr hinzu und soll daher hier nicht thematisiert werden.

Die Einführung der Qualität als ein weiteres Kriterium zur Bewertung von Freuden kann im besten Fall so interpretiert werden, dass Mill zu verstehen begonnen hat, dass die streng quantitative Wertung Benthams an der Realität menschlicher Empfindungen und der Bewertung einer solchen vorbeigeht. Der von Mill gemachte Vorschlag, wie die Qualität zweier unterschiedlicher Freuden bewertet werden soll, geht jedoch auch nicht über einen Besser-oder-schlechter-Vergleich hinaus, was einem messtheoretischen Ordinalniveau, nicht jedoch dem für eine solche Utilitarismuskonzeption nötigen kardinalen Messniveau entspricht. Da die Einführung der Qualität die bei Bentham bestehenden Probleme nicht löst, sondern eher vergrößert, sonst aber durch Mill keine relevanten Veränderungen an den Grundprinzipien des Benthamschen Utilitarismus vorgenommen wurden, gilt im Hinblick auf die Plausibilität der verwandten Axiome, auf die Möglichkeiten, die aus diesen Axiomen gefolgerten Ableitungen zu falsifizieren, sowie für den Grad an »Beliebigkeit« das für Bentham Gesagte auch für den Utilitarismus Mills.

Auch wenn es keinen Einfluss auf die eben vorgenommene Wertung mehr hat, verdient jedoch Mills Versuch, das Nützlichkeitsprinzip zu beweisen, größte Beachtung. Er beginnt seinen Beweis mit dem richtigen, hier in Einleitung und Abschnitt eins ausgeführten Gedanken, dass nur moralische Normen verbindlich sein können, die von allen Menschen gewollt werden. »Ebenso wird der einzige Beweis dafür, dass etwas wünschenswert ist,

---

30 Vgl. John Stuart Mill: Utilitarianism – Der Utilitarismus, 2006, Reclam, S. 107.
31 Ebd., S. 107.

der sein, dass die Menschen es tatsächlich wünschen.«[32] Er führt seinen Beweis mit der durchaus akzeptablen Aussage fort, dass jeder sein eigenes Glück erstrebt.[33] Hieraus schließt er nun, dass, wenn jeder einzelne Mensch sein Glück erstrebt, das Glück ein Gut für die gesamte Menschheit ist.

An dieser Stelle begeht er jedoch den entscheidenden Fehler. Eine Aussage in der Form, dass, wenn jedes einzelne Individuum einer Gesamtheit etwas präferiert, die ganze Gesamtheit dies will, ist nur dann logisch korrekt, wenn sie eine bestimmte Bedingung einhält. Und zwar muss das, was angestrebt wird, für das System »Individuum« wie für das System »Gesamtheit« die gleiche *Bedeutung* tragen und nicht nur den gleichen Namen. Die Bedeutung eines Wortes ist allerdings nicht in Stein gemeißelt, sondern wird von dem System definiert, in dem es verwendet wird.[34] Das von Hofstadter verwendete Beispiel der unterschiedlichen Bedeutung der Begriffe Punkte und Geraden innerhalb der euklidischen und der nichteuklidischen Geometrie illustriert dies sehr gut. Beide Arten der Geometrie nutzen den Begriff der Geraden. Jedoch unterscheidet sich seine Bedeutung, wenn er auf einer flachen Ebene Anwendung findet, von der bei der Verwendung auf einer Kugeloberfläche. Dieser wichtige Fakt war Mill und, muss man zu seiner Entschuldigung sagen, den meisten seiner Zeitgenossen nicht bewusst. Folglich prüft er auch nicht, ob die Bedeutung des Begriffes Glück für das System »Individuum« identisch ist mit dessen Bedeutung für das System »Gesamtheit der Menschen«.

Dass der Begriff Glück[35] in diesen Systemen eine unterschiedliche Bedeutung hat, erkennt man leicht am Versuch, aus der Kumulation individuellen Glücks das allgemeine Glück zu erreichen. Schnell gelangt man zu dem Punkt, an dem ein glückliches Individuum keinen positiven Beitrag mehr zur Erlangung des Glücks der Gesamt-

---

[32] Ebd., S. 105.
[33] Vgl. ebd., S. 107.
[34] Vgl. Douglas R. Hofstadter: Gödel Escher Bach – ein Endloses Geflochtenes Band, 2007, 11. Auflage, Deutscher Taschenbuch Verlag, S. 56 f. sowie S. 101 ff.
[35] Verknüpft man ihn, wie Mill es sinnvollerweise tat, mit einer Handlung.

heit der Menschen leistet, sondern diesem sogar abträglich ist. Mills Versuch, ausgehend von Individuen das Glück als eine verbindliche moralische Handlungsnorm sowie das Nützlichkeitsprinzip zu beweisen, ist folglich gescheitert. Der Schluss, dass dies möglich wäre, scheitert an der Tatsache, dass der Begriff des Glücks, solange man ihn wie Mill – was ja durchaus sehr sinnvoll ist – an eine Handlung bindet, für das System »Individuum« eine andere Bedeutung trägt als für das System »Gesamtheit der Menschen«.

Aber selbst wenn es möglich wäre, durch eine besonders geschickte, dann aber wahrscheinlich im moralisch luftleeren Raum schwebende, explizite Definition des Begriffes Glück diese Bedeutungsgleichheit beweisen zu können, hat dies noch keinen Einfluss auf den Nutzen der Utilitarismuskonzeption Mills, da die genannten Messprobleme durch eine solche Definition nicht berührt werden.

Abschließend lässt sich sagen, dass der Wert des Millschen Konzepts in dem Versuch liegt, das Nützlichkeitsprinzip sowie das Glück als moralische Handlungsnorm zu beweisen. Auch wenn dieser Versuch gescheitert ist, so weist er doch den richtigen, zu seiner Zeit wie auch heute viel zu selten gegangenen Weg, dass nur die von allen Menschen gewollten moralischen Normen Verbindlichkeit für sich beanspruchen können. Mill hat es lediglich versäumt, im Detail zu prüfen und zu beweisen, was alle Menschen tatsächlich wünschen – wobei eingeräumt werden muss, dass er über die dafür notwendigen wissenschaftlichen Grundlagen nicht verfügen konnte. Dann hätte er die Nutzung des Begriffes Glück oder ähnlicher anderer wahrscheinlich vermieden und seine Argumentation hätte der in Kapitel vier dargelegten Theorie entsprochen, also der des genetischen Codes als Invariante menschlicher Moral.

3.1.3 Der Regelutilitarismus

Die Utilitarismuskonzeptionen Mills, besonders aber Benthams, welche ihre moralische Wertung stets auf eine konkrete Handlung beziehen, sahen sich der Kritik ausgesetzt, dass sie nicht angemessen erklären können, warum moralische Verpflichtungen wie das Halten von Versprechen, das Verbot der Verurteilung Unschuldiger usw. unbedingt gültig seinen sollen und nicht nur dann, wenn dies den Nutzen maximiert.[36] Dieser Einwand wurde mit vielerlei Beispielen untermauert, welche darauf hinauslaufen, dass eine gemäß dem klassischen Utilitarismus[37] gute Handlung dem intuitiven Moralverständnis zuwiderläuft.

Aus dieser Kritik am Handlungsutilitarismus entwickelte sich der Regelutilitarismus. Für diesen ist eine Handlung nur dann moralisch richtig, wenn sie mit Handlungsregeln übereinstimmt, die als Regeln befolgt, also dem angenommenen Fall, jeder handele so, ein Maximum an Wohlergehen fördern.[38] Die Anleitung, wie eine Handlung moralisch zu bewerten ist, entspricht prinzipiell dem des Handlungsutilitarismus, ist jedoch zweistufig.[39] Während beispielsweise der Handlungsutilitarismus die Verurteilung eines Unschuldigen als moralisch richtig beurteilt, wenn dadurch vier andere Unschuldige einer Verurteilung entgehen (erste Stufe), beurteilt der Regelutilitarismus dies als moralisch falsch, da würde die Verurteilung Unschuldiger zur Regel (zweite Stufe), dies der Maximierung des Gemeinwohls abträglich wäre.

Solche den Gedanken des Regelutilitarismus verdeutlichenden und ihn vom Handlungsutilitarismus vordergründig abgrenzenden Beispiele können jedoch nicht darüber hinwegtäuschen, dass Ersterer sowohl hinsichtlich der Plausibilität seiner Axiome als auch seines Grades an »Beliebigkeit« sowie seiner Differenz zu Zweiterem kritisch hinterfragt werden muss.

Da sich die grundlegenden Axiome des Regelutilitarismus nicht vom Handlungsutilitarismus unterscheiden, sei bei der Bewertung der Plausibilität dieser grundsätzlich auf das zu Bentham Gesagte verwiesen.

---

[36] Vgl. Otfried Höffe (Hrsg.): Einführung in die utilitaristische Ethik, 2003, 3. Auflage, A. Francke Verlag, S. 28.
[37] Im Weiteren, dem gängigen Terminus folgend, Handlungsutilitarismus genannt.
[38] Vgl. Otfried Höffe (Hrsg.): Einführung in die utilitaristische Ethik, 2003, 3. Auflage, A. Francke Verlag, S. 31.
[39] Ebd., S. 30 f.

Der Regelutilitarismus enthält eine Anleitung mit dem Ziel, das Allgemeinwohl zu maximieren. Bei dieser Maximierung ist er auf intersubjektive Nutzenvergleiche angewiesen. Denn auch die moralische Rechtfertigung einer Regel mit dem Verweis auf ihre maximierende Wirkung bezüglich des allgemeinen Wohlergehens setzt voraus, dass der Grad an Wohlergehen der Individuen gemessen und mithilfe einer rechnerischen Methode, welche ja auch noch einer Begründung bedarf, in das allgemeine Wohlergehen transformiert wird. Folglich trifft auch ihn das Problem, dass subjektive Nutzenkalküle nicht mit kardinalem Skalenniveau gemessen werden können. Dies wäre aber eine notwendige Bedingung, um ein zuverlässiges Ergebnis über die Wirkung einer Regel auf das allgemeine Wohlergehen zu erhalten. Da dies aber nicht der Fall ist, ist es jedem Anwender des Regelutilitarismus möglich, die moralische Bewertung einer Regel und somit einer Handlung entsprechend der eigenen ethischen Disposition vorzunehmen.

Aus einem anderen Grund scheint die These, dass der Grad an »Beliebigkeit« des Regelutilitarismus kleiner als der des Handlungsutilitarismus ist, jedoch zutreffend: Der Regelutilitarismus gibt ein eindeutiges Urteil bezüglich der Handlungen ab, die, als Regel angewendet, keine oder nur wenige Gewinner, dafür aber viele Verlierer erwarten lassen. Dieses Argument übersieht aber die im Regelutilitarismus enthaltene Möglichkeit, Ausnahmen von einer Regel zu machen. So betont er die moralische Verwerflichkeit des Brechens eines Versprechens, lässt aber die Ausnahme zu, dass es legitim sei, den Verfolgern eines Unschuldigen eine falsche Angabe über dessen Aufenthaltsort, obwohl man diesen kennt, zu machen, um diesen vor seinen Häschern zu schützen.

Wenn wir nun schon bei Ausnahmen sind, ist es dann nicht folgerichtig, die Ergebnisse sozialpsychologischer Forschung zu beachten, welche aussagen, dass der Mensch mehrmals täglich[40]

---

[40] Vgl. Jeannette Schmid: Lügen im Alltag – Zustandekommen und Bewertung kommunikativer Täuschungen, 2000, LIT Verlag, S. 9–11.

lügt, um unter anderem auch den sozialen Frieden zu wahren?[41] Begründet dann nicht auch die Erhaltung des sozialen Friedens durch eine Lüge die Ausnahme vom Verbot zu lügen? Ja, ist es nicht sogar unser aller moralische Pflicht zu lügen, wenn wir dadurch den sozialen Frieden und somit ein Maximum an Wohlergehen sichern, und wäre dies nicht sogar zur Regel zu erheben? Welche Lügen tragen nun aber zum Erhalt des sozialen Friedens bei? Wir sehen also, dass der Grad an »Beliebigkeit« des Regelutilitarismus dem des Handlungsutilitarismus in nichts nachsteht.

Wie sich zeigt, sind die Unterschiede hinsichtlich der Plausibilität der Axiome sowie des Grades an »Beliebigkeit« zwischen Handlungs- und Regelutilitarismus, wenn überhaupt vorhanden, so doch sehr gering. Dies verwundert auch nicht weiter, wenn man bedenkt, dass die vermeintliche Innovation des Regelutilitarismus, also die Frage »Was passiert, wenn jeder so handelt?« bereits durch die Benthamschen Kategorien der Folgeträchtigkeit und der Reinheit vorweggenommen wurde.

3.2 Kants kategorischer Imperativ

Immanuel Kant beginnt den ersten Abschnitt seines Werkes »Grundlegung zur Metaphysik der Sitten«, im Folgenden mit GMS abgekürzt, mit dem Satz: »Es ist überall nichts in der Welt, ja überhaupt auch außer derselben zu denken möglich, was ohne Einschränkung für gut könnte gehalten werden, als allein ein *guter Wille*.«[42] Dies ist Kants Antwort auf die Frage, was als uneingeschränkt moralisch gut gelten kann. Im ersten Abschnitt seines Werkes versucht er, diese Aussage plausibel zu machen, im zweiten Abschnitt führt er sie im Detail aus, im dritten Abschnitt der GMS versucht er sie zu beweisen.

Um diese Aussage zu untermauern, weist er auf die empirisch evidente Tatsache hin, dass Eigenschaften wie Talente des Geistes, Temperament oder Glücksgaben wie Reichtum, Macht usw.

---

[41] Ebd., S. 201.
[42] Immanuel Kant: Grundlegung zur Metaphysik der Sitten, S. 393 (nach der, wie auch im Folgenden, von Bernd Kraft und Dieter Schönecker 1999 im Felix Meiner Verlag herausgegebenen Ausgabe).

auch zur Realisierung von bösen und schlechten Handlungen genutzt werden können oder sie begünstigen, wenn der Wille, der von diesen Gaben Gebrauch macht, nicht gut ist.[43] Andererseits, so Kant, erleichtern einige dieser Eigenschaften auch das Werk eines guten Willens. Folglich haben Talente, Temperament oder Glücksgaben keinen moralisch unbedingten Wert. Dieser kommt nur einem guten Willen zu. Dabei ist es unerheblich, ob dieser gute Wille tatsächlich etwas bewirkt, wesentlich ist nur, dass er unter Aufbietung aller ihm zur Verfügung stehenden Mittel (Talente, Temperament, Glücksgaben) versucht, seine Absicht durchzusetzen. Ein bloßer Wunsch ist also nicht hinreichend. Kant formuliert: » wenn bei seiner größten Bestrebung dennoch nichts von ihm ausgerichtet würde, und nur der gute Wille (freilich nicht etwa als ein bloßer Wunsch, sondern als die Aufbietung aller Mittel, soweit sie in unserer Gewalt sind) übrig bliebe: so würde er wie ein Juwel doch für sich selbst glänzen, als etwas, das seinen vollen Wert in sich selbst hat.«[44] Der gute Wille ist also allein durch das Wollen an sich gut.[45]

Bis hierhin wollte Kant zeigen, dass der gute Wille allein als uneingeschränkt moralisch gut gelten darf. Nur ist damit noch nicht gezeigt, dass der Mensch einen solch guten Willen auch besitzt und somit überhaupt als Adressat der GMS und des kategorischen Imperativs infrage kommt. Er versucht, dies mit folgendem Argument nachzuweisen: »Denn da die Vernunft dazu nicht tauglich genug ist, um den Willen in Ansehung der Gegenstände desselben und der Befriedigung all unserer Bedürfnisse [...] sicher zu leiten, als zu welchem Zwecke ein eingepflanzter Naturinstinkt viel gewisser geführt haben würde, gleichwohl aber uns Vernunft als praktisches Vermögen, d. i. als ein solches, das Einfluß auf den *Willen* haben soll, dennoch zugeteilt ist, so muß die wahre Bestimmung derselben sein, einen nicht etwa in anderer Absicht *als Mittel,* sondern *an sich selbst guten Willen* hervorzubringen, wozu schlechterdings Vernunft nötig war, wo

---

[43] Ebd., S. 393.
[44] Ebd., S. 394, 24.
[45] Ebd., S. 394.

anders die Natur überall in Austeilung ihrer Anlagen zweckmäßig zu Werke gegangen ist.«[46]

Kant stellt also fest, dass die Natur bei der Ausstattung von Lebewesen mit bestimmten Fähigkeiten stets im Sinne einer Optimierung vorgeht sowie dass ein Instinkt besser geeignet wäre, die Bedürfnisse des Menschen zu befriedigen. Daraus folgert er, dass die Naturgabe der Vernunft nur dem Zweck dienen kann, einen guten Willen hervorzubringen. Die Existenz der menschlichen Vernunft sichert nach Kant also den guten Willen im Menschen.

Der nächste Argumentationsschritt Kants in der GMS ist es, den Begriff des guten Willens durch die Einführung und Ausgestaltung des Begriffes der Pflicht zu entwickeln.[47] Dieser enthält nach Kant den des guten Willens »unter gewissen subjektiven Einschränkungen und Hindernissen«.[48] Letztere sind als die sinnlichen Neigungen wie Begierden, Sympathien, Eigenliebe usw. zu verstehen und stellen die Randbedingungen des guten Willens für den Menschen dar.[49] Der Pflichtbegriff kann nicht auf vollkommen vernünftige Wesen angewandt werden, da bei diesen ausschließlich die Vernunft den Willen bestimmt mit der Folge, dass deren Handlungen immer in Einklang mit den objektiven Gesetzen des Guten stehen[50], sondern nur auf unvollkommen vernünftige oder sinnlich-vernünftige Wesen. Denn bei diesen wird der Wille nicht ausschließlich durch die Vernunft bestimmt, sondern auch von den genannten Neigungen beeinflusst.[51]

Der Begriff der Pflicht trennt also die vollkommen vernünfti-

---

[46] Ebd., S. 396, 17.
[47] Ebd., S 397 ff.
[48] Ebd., S. 397, 8.
[49] Vgl. Dieter Schönecker, Allen W. Wood: Kants »Grundlegung zur Metaphysik der Sitten«, 2007, 3. Auflage, Verlag Ferdinand Schöningh, Paderborn, S. 57 f.
[50] Immanuel Kant: Grundlegung zur Metaphysik der Sitten, S. 412 ff.
[51] Vgl. Dieter Schönecker, Allen W. Wood: Kants »Grundlegung zur Metaphysik der Sitten«, 2007, 3. Auflage, Verlag Ferdinand Schöningh, Paderborn, S. 58 ff.

gen Wesen von den unvollkommen vernünftigen oder sinnlich-vernünftigen, zu denen der Mensch nach Kant zu zählen ist,[52] und zwar derart, dass zwar beide in der Lage sind, moralisch zu handeln. Während jedoch die vollkommen vernünftigen Wesen dies immer tun und auf sie daher der Begriff der Pflicht nicht zutrifft[53], sind sinnlich-vernünftige Wesen zwar in der Lage, moralisch gute Handlungen als solche zu erkennen, handeln jedoch nicht immer entsprechend. Kant schreibt hierzu wie folgt: »Als bloßen Gliedes der Verstandeswelt würden also alle meine Handlungen dem Prinzip der Autonomie des reinen Willens vollkommen gemäß sein; als bloßen Stücks der Sinnenwelt würden sie gänzlich dem Naturgesetz der Begierden und Neigungen [...] genommen werden müssen.«[54] Für sinnlich-vernünftige Wesen existiert also eine Pflicht – den Beweis hierzu versucht Kant im dritten Abschnitt der GMS zu liefern –, trotz ihrer Verbundenheit mit der Sinneswelt nur diejenigen Handlungen auszuführen, die ihnen von ihrer Vernunft, die sie zum Mitglied der Verstandeswelt macht, diktiert werden.[55] Aus Pflicht zu handeln, heißt also frei von jeglicher subjektiver Motivation, die sich durch Neigungen und Begierden ausdrückt, zu handeln.

Nachdem Kant den Begriff der Pflicht auf diese Weise dem Menschen zugeordnet hat, präzisiert er diesen durch die drei Sätze der Pflicht, von denen für diese Arbeit nur der dritte von Bedeutung ist und ohnehin die Folgerung aus den anderen beiden darstellt. Kant schreibt: »*Pflicht ist die Notwendigkeit einer Handlung aus Achtung fürs Gesetz.*«[56] Zum Verständnis dieses Satzes bedürfen die Begriffe Achtung und Gesetz einer Erläuterung. Ersterer wird von Kant im Anschluss an den dritten Satz zur Pflicht erläutert: Achtung bezieht sich auf einen objektiven Wert und beinhaltet keinerlei Spuren von Neigung, der, wie Kant oft genug betont,

---

[52] Immanuel Kant: Grundlegung zur Metaphysik der Sitten, S. 413.
[53] Ebd., S. 414, 1; vgl. auch Dieter Schönecker, Allen W. Wood: Kants »Grundlegung zur Metaphysik der Sitten«, 2007, 3. Auflage, Verlag Ferdinand Schöningh, Paderborn, S. 59 f.
[54] Immanuel Kant: Grundlegung zur Metaphysik der Sitten, S. 453, 27.
[55] Ebd., S. 454.
[56] Ebd., S. 400, 20.

kein moralischer Wert zukommt. »Nur das, was bloß als Grund, niemals aber als Wirkung mit meinem Willen verknüpft ist, was nicht meiner Neigung dient, sondern sie überwiegt, wenigstens diese von deren Überschlage bei der Wahl ganz ausschließt, mithin das bloße Gesetz für sich, kann ein Gegenstand der Achtung und hiermit ein Gebot sein.«[57] Weiter führt Kant in Fußnote zwei auf Seite 401 der GMS aus, dass Achtung kein durch Einfluss empfangenes, sondern ein selbstgewirktes Gefühl ist und von Gefühlen wie Furcht und Neigung zu unterscheiden sei. Aus Achtung handeln heißt also, ohne Rücksicht auf Selbstliebe, Neigungen oder Furcht das zu tun oder zu unterlassen, was uns unsere Vernunft auferlegt.[58] Die Vernunft, die uns zum Mitglied der Verstandeswelt macht und in dieser Perspektive zu rein vernünftigen Wesen[59], stellt sicher, dass die Handlung, welche sie uns auferlegt, immer mit dem objektiven Gesetz (des Guten)[60] zusammenfällt.

Kant fragt nun folgerichtig »Was kann das aber wohl für ein Gesetz sein, dessen Vorstellung, auch ohne auf die daraus erwartete Wirkung Rücksicht zu nehmen, den Willen bestimmen muß, damit dieser schlechterdings und ohne Einschränkung gut heißen könne?«[61] Er antwortet: »Da ich den Willen aller Antriebe beraubt habe, die ihn aus der Befolgung irgend eines Gesetzes entspringen könnten, so bleibt nichts als die allgemeine Gesetzmäßigkeit der Handlungen überhaupt übrig, welche allein dem Willen zum Prinzip dienen soll, d. i. ich soll niemals anders verfahren als so, *daß ich auch wollen könne, meine Maxime solle ein allgemeines Gesetz werden.* Hier ist nun die bloße Gesetzmäßigkeit überhaupt (ohne irgend ein auf gewisse Handlungen bestimmtes Gesetz zum Grunde zu legen) das, was dem Willen zum Prinzip dient.«[62]

---

[57] Ebd., S. 400, 28.
[58] Ebd., S. 401 Fußnote 2.
[59] Vgl. Dieter Schönecker, Allen W. Wood: Kants »Grundlegung zur Metaphysik der Sitten«, 2007, 3. Auflage, Verlag Ferdinand Schöningh, Paderborn, S. 59.
[60] Immanuel Kant: Grundlegung zur Metaphysik der Sitten, S. 414, 1.
[61] Ebd., S. 402, 1.
[62] Ebd., S. 402, 4.

Zur Erläuterung dieser ersten Ableitung des kategorischen Imperativs stellt Kant die Frage, ob eine Lüge moralisch gut sein kann. Er kommt zu dem Ergebnis, dass eine solche Maxime, wäre sie allgemeines Gesetz, sich selbst zerstören müsse, da in einer solchen Welt niemand mehr den Absichtserklärungen anderer glauben würde und es somit auch keine Lügen mehr geben kann.[63] Eine weitere Erläuterung sowie die moralische Bewertung dieses Schlusses gibt Kant im Folgenden: »Kannst du auch wollen, daß deine Maxime ein allgemeines Gesetz werde? Wo nicht, so ist sie verwerflich, und das zwar nicht um eines dir oder anderen daraus bevorstehenden Nachteils willen, sondern weil sie nicht als Prinzip in eine mögliche allgemeine Gesetzgebung passen kann; für diese aber zwingt die Vernunft unmittelbare Achtung ab.«[64] Dieser äußerst klaren Erläuterung des bis hierhin formulierten kategorischen Imperativs ist nichts weiter als die erhellende Anmerkung Schöneckers und Woods hinzuzufügen, dass die Strategie Kants im ersten Abschnitt der GMS darin besteht, »aus der Analyse moralischer Motivation – also aus der Analyse, was es heißt, aus Pflicht zu handeln – das moralische Gesetz selbst und seinen Inhalt ab[zu]leiten«[65].

In Teil zwei der GMS schließt Kant u. a. an diese Überlegungen an und führt den kategorischen Imperativ in seinen verschiedenen Formulierungen im Detail aus. Bevor wir uns diesen Überlegungen widmen, soll allerdings noch der Begriff Imperativ[66] geklärt werden. Für Kant werden »Alle Imperative [...] durch ein *Sollen* ausgedrückt und zeigen dadurch das Verhält-

[63] Ebd., S. 403.
[64] Ebd., S.403, 25.
[65] Dieter Schönecker, Allen W. Wood: Kants »Grundlegung zur Metaphysik der Sitten«, 2007, 3. Auflage, Verlag Ferdinand Schöningh, Paderborn, S. 93, meine Flexion, Verf.
[66] Hypothetische Imperative sind aufgrund von Kants Aussage, »wenn Pflicht ein Begriff ist, der Bedeutung und wirkliche Gesetzgebung für unsere Handlungen enthalten soll, diese nur in kategorischen Imperativen, keineswegs aber in hypothetischen ausgedrückt werden könne« (Immanuel Kant: Grundlegung zur Metaphysik der Sitten, S. 425, 1; Unterstreichung v. Verf.), für diese Arbeit nicht von Bedeutung.

nis eines objektiven Gesetzes der Vernunft zu einem Willen an, der seiner subjektiven Beschaffenheit nach dadurch nicht notwendig bestimmt wird (eine Nötigung)«[67]. Zum Verständnis dieses Zitats ist es nötig, sich Kants Unterscheidung zwischen vollkommen vernünftigen und sinnlich-vernünftigen Wesen zu vergegenwärtigen. Auch hier sind ähnlich dem Begriff der Pflicht sinnlich-vernünftige Wesen die Adressaten des Begriffes Imperativ. Für sie stellen die durch Imperative ausgedrückten[68] objektiven Gesetze der Vernunft, denen sie folgen »sollen«, eine Nötigung dar, da sie dazu tendieren, diesen aufgrund von Neigungen und Begierden zuwiderzuhandeln.

Kant führt die erste Formulierung des kategorischen Imperativs im zweiten Abschnitt der GMS analog zu seiner Herleitung im ersten Abschnitt ein. Sie lautet daher auch: »*Handle nur nach derjenigen Maxime, durch die du zugleich wollen kannst, daß sie ein allgemeines Gesetz werde.*«[69] Gleich im Anschluss an diese Formulierung präsentiert Kant eine weitere Formel des kategorischen Imperativs. Sie lautet: »*handle so, als ob die Maxime deiner Handlung durch deinen Willen zum a l l g e m e i n e n N a t u r g e s e t z e werden sollte.*«[70] Die zweite Formulierung soll vermutlich zur Veranschaulichung der ersten dienen und dem Leser explizit klarmachen, dass eine Handlung nur dann moralisch gut sein kann, wenn sie universalisiert als Naturgesetz im Sinne der oben dargelegten Erläuterung zur moralischen Bewertung einer Lüge existieren und dieses Naturgesetz auch vom Handelnden gewollt werden kann. Im Folgenden präsentiert Kant vier Beispiele[71], an denen er einen Test zur moralischen Bewertung einer Handlung im Sinne des eben Gesagten durchführt. Sein Vorgehen ist dabei stets gleich. Zuerst prüft er,

---

[67] Immanuel Kant: Grundlegung zur Metaphysik der Sitten, S. 413, 14.
[68] »Daher sind Imperative nur Formeln, das Verhältnis objektiver Gesetze des Wollens überhaupt zu der subjektiven Unvollkommenheit des Willens dieses oder jenes vernünftigen Wesens, z.B. des menschlichen Willens, auszudrücken.« Ebd., S. 414, 9.
[69] Ebd., S. 421, 8.
[70] Ebd., S. 421, 20.
[71] Ebd., S. 422 ff.

ob eine Handlung, wie im ersten Beispiel Selbstmord aus Selbstliebe, überhaupt als ein Naturgesetz gedacht werden kann. Dies verneint er mit der Begründung, dass Selbstliebe in der Natur nicht gleichzeitig die Aufgabe haben kann, das Leben zu fördern und zu zerstören. Der hierin seiner Meinung nach bestehende Widerspruch lässt es nicht zu, dass Selbstmord aus Selbstliebe ein Naturgesetz werden kann. Daher ist eine solche Handlung nach Kant unmoralisch.

Sollte eine Handlung wie im dritten Beispiel, die Vernachlässigung und Nichtausbildung der eigenen Talente, als Naturgesetz denkbar sein, ist zu prüfen, ob das handelnde Subjekt wollen könne, dass eine solche Handlung allgemeines Naturgesetz werden solle. Will sie dies nicht, ist die Handlung unmoralisch. Nur wenn eine Handlung beide Tests besteht, kann sie nach diesen beiden Formulierungen des kategorischen Imperativs als moralisch akzeptabel gelten.

Die nächste, dritte Formel des kategorischen Imperativs, die Kant in der GMS darlegt, lautet: »*Handle so, daß du die Menschheit, sowohl in deiner Person als in der Person eines jeden anderen, jederzeit zugleich als Zweck, niemals bloß als Mittel brauchest.*«[72]

Erläuterungsbedürftig ist hier der Begriff Zweck. Für Kant ist er das, »was dem Willen zum objektiven Grunde seiner Selbstbestimmung dient«.[73] Er führt weiter aus: »Nun sage ich: der Mensch und überhaupt jedes vernünftige Wesen *existiert* als Zweck an sich selbst, *nicht bloß als Mittel* zum beliebigen Gebrauche für diesen oder jenen Willen.«[74] Diese Aussage lässt schon vermuten, worauf Kant mit dieser Formulierung des kategorischen Imperativs hinauswill, nämlich auf die Postulierung unveräußerlicher Rechte des Menschen und aller vernünftigen Wesen, die sich unter dem Begriff Würde subsumieren lassen.[75]

[72] Ebd., S. 429, 11.
[73] Ebd., S. 427, 24.
[74] Ebd., S. 428, 9.
[75] Vgl. dazu ausführlich Dieter Schönecker, Allen W. Wood: Kants »Grundlegung zur Metaphysik der Sitten«, 2007, 3. Auflage, Verlag Ferdinand Schöningh, Paderborn, S. 142 ff.

Er schreibt in diesem Sinne, dass nur das, was Zweck an sich selbst ist, einen absoluten Wert hat und als Grund für einen möglichen kategorischen Imperativ dienen kann.[76] Dieser Zweck an sich selbst, der keinen relativen Wert darstellt, besitzt nach Kant Würde.[77] Als Begründung für das Recht auf diese Würde führt er an, dass der Mensch die Fähigkeit besitzt, allgemein gesetzgebend[78] und gleichzeitig auch diesem Gesetz unterworfen zu sein. So schreibt er: »[...] und die Würde der Menschheit besteht eben in dieser Fähigkeit, allgemein gesetzgebend, obgleich mit dem Beding, eben dieser Gesetzgebung zugleich selbst unterworfen zu sein.«[79] Kant diskutiert im Zusammenhang mit der eben genannten Formel des kategorischen Imperativs erneut die vier Beispiele, welche er schon bei den ersten beiden Formulierungen nutzte, um seine Intentionen zu verdeutlichen.

Eine andere, die vierte Formulierung des kategorischen Imperativs steht in enger Verknüpfung mit der eben genannten Zweck-an-sich-selbst-Formel. Nämlich in einer Weise, dass die systematische Verbindung von vernünftigen Wesen – d.h. jenen, die der Zweck-an-sich-selbst-Formel folgen, also den Regeln des kategorischen Imperativs – in das Reich der Zwecke mündet. »Denn vernünftige Wesen stehen alle unter dem Gesetz, daß jedes derselben sich selbst und alle anderen *niemals bloß als Mittel*, sondern jederzeit *zugleich als Zweck an sich selbst* behandeln solle. Hierdurch aber entspringt eine systematische Verbindung vernünftiger Wesen durch gemeinschaftliche objektive Gesetze, d.i. ein Reich, welches, weil diese Gesetze eben die Beziehung dieser Wesen aufeinander, als Zwecke und Mittel, zur Absicht haben, ein Reich der Zwecke.«[80] Die hierauf fußende kategorische Handlungsanweisung an das Individuum formuliert Kant auf folgende Weise: »Demnach muß ein jedes vernünftige Wesen so handeln, als ob es durch seine Maximen jederzeit ein gesetzgebendes Glied

---

[76] Immanuel Kant: Grundlegung zur Metaphysik der Sitten, S. 428.
[77] Ebd., S. 435.
[78] Gesetzgebend natürlich im Sinne des kategorischen Imperativs.
[79] Immanuel Kant: Grundlegung zur Metaphysik der Sitten, S. 440, 12, vgl. auch ebd., S. 438, 10–19.
[80] Ebd., S. 433, 29.

im allgemeinen Reich der Zwecke wäre.«[81] Diese Formulierung ist als eine Analogie zur zweiten Formulierung des kategorischen Imperativs zu lesen.[82] Nur dass sich im Reich der Zwecke das vernünftige Wesen mit seinen Maximen nicht mit äußerlich wirkenden Ursachen im Widerspruch befinden darf,[83] sondern sich mit dem Gesetz im Einklang befinden muss, welches gebietet, »sich selbst und alle anderen *niemals bloß als Mittel*, sondern jederzeit *zugleich als Zweck an sich selbst*«[84] zu behandeln. Nur dann kann es gesetzgebendes Glied im allgemeinen Reich der Zwecke sein.

Kant präsentiert noch eine weitere, fünfte Formulierung des kategorischen Imperativs. Er führt diese in mehreren Varianten aus. Als eine sei hier die Folgende genannt: »die Idee *des Willens jedes vernünftigen Wesens als eines allgemein gesetzgebenden Willens.*«[85] Dieser Wille ist auch seinen eigenen von ihm aufgestellten Gesetzen unterworfen.[86] Kant bezeichnet dies als selbstgesetzgebend, weil dieser Wille unter keinem anderen Gesetz steht als dem, welches er sich selber gibt. Um aber allgemein gesetzgebend zu sein, darf dieser Wille von keinem Interesse abhängen, sei es eigenes oder fremdes,[87] denn sonst könnte er keine allgemeinen Gesetze aufstellen, sondern immer nur an Interessen gebundene. Den Begriff »allgemein« verwendet Kant hier im Sinne der ersten Formulierung des kategorischen Imperativs.[88] Der Wille, welcher bei seiner (Selbst-)Gesetzgebung von allen Interessen abstrahiert, stellt für Kant das Prinzip der Autonomie dar.[89] Im dritten Abschnitt der GMS, in welchem Kant den kategorischen Impera-

---

[81] Ebd., S. 438, 22.
[82] Ebd., S. 438.
[83] So kann, nach Kant, Selbstmord aus Selbstliebe nicht als Naturgesetz gedacht werden und widerspricht diesem somit.
[84] Ebd., S. 433, 30.
[85] Ebd., S. 431, 19.
[86] Ebd., S. 431.
[87] Ebd., S. 432.
[88] Vgl. Dieter Schönecker, Allen W. Wood: Kants »Grundlegung zur Metaphysik der Sitten«, 2007, 3. Auflage, Verlag Ferdinand Schöningh, Paderborn, S. 158.
[89] Vgl. Immanuel Kant: Grundlegung zur Metaphysik der Sitten, S. 433.

tiv zu beweisen sucht, spielen dieses Prinzip der Autonomie und der mit ihm verbundene Begriff der Freiheit eine wesentliche Rolle. Diese fünfte Formulierung des kategorischen Imperativs führt also schon in den Beweis des kategorischen Imperativs ein.[90]

Diesen Beweis, d.h. die Begründung, warum der kategorische Imperativ auch für sinnlich-vernünftige Wesen gilt, will Kant im dritten Abschnitt der GMS liefern. Maßgeblich ist hierbei der folgende Satz:

»*Weil aber die Verstandeswelt den Grund der Sinnenwelt, mithin auch der Gesetze derselben, enthält,* also in Ansehung meines Willens (der ganz zur Verstandeswelt gehört) unmittelbar gesetzgebend ist, und also auch als solche gedacht werden muß, so werde ich mich als Intelligenz, obgleich anderseits wie ein zur Sinnenwelt gehöriges Wesen, dennoch dem Gesetz der ersteren, d.i. der Vernunft, die in der Idee der Freiheit das Gesetz derselben enthält, und also der Autonomie des Willens unterworfen erkennen, folglich die Gesetze der Verstandeswelt für mich als Imperative und die diesem Prinzip gemäßen Handlungen als Pflicht ansehen müssen.«[91]

Die ersten Fragen, die bei der Analyse dieses Satzes geklärt werden müssen, lauten: Was ist die Verstandes- und was die Sinnenwelt und warum sowie in welchem Verhältnis gehört der Mensch als sinnlich-vernünftiges Wesen beiden an?

Die Sinnenwelt ist für Kant die Welt der Erscheinungen, wie sie uns durch unsere Sinne zu Bewusstsein kommt, ohne dass wir dabei in der Lage sind, die Dinge, wie sie an sich sind, zu erkennen. Diese Wirklichkeit der Dinge steht hinter ihren uns durch unsere Sinne vermittelten Erscheinungen, also hinter der Sinnenwelt. Die Welt der Dinge an sich, welche nicht ihre Erscheinung ist, nennt Kant die Verstandeswelt. Diese liegt der Sinnenwelt zugrunde und bleibt immer dieselbe, während die Sinnenwelt sich für verschiedene Betrachter unterschiedlich darstellen kann.[92]

---

[90] Vgl. Herlinde Pauer-Studer: Einführung in die Ethik, 2003, Facultas Verlag, S. 16.
[91] Immanuel Kant: Grundlegung zur Metaphysik der Sitten, S. 453, 34.
[92] Vgl. diesen Absatz mit Immanuel Kant: Grundlegung zur Metaphysik der Sitten, S. 451.

Der Mensch gehört aufgrund seiner »Wahrnehmung und Empfänglichkeit der Empfindungen zur *Sinnenwelt*, in Ansehung dessen aber, was in ihm reine Tätigkeit sein mag (dessen, was gar nicht durch Affizierung der Sinne, sondern unmittelbar zum Bewusstsein gelangt), [...] zur *intellektuellen Welt*«[93]. Diese reine Tätigkeit, die den Menschen zum Mitglied der Verstandeswelt macht, besteht in der Spontanität der Vernunft, die weit über das hinausgeht, was die Sinnlichkeit liefern kann.[94] Spontan und unabhängig von der Sinnenwelt ist die Vernunft nach Kant aus folgendem Grunde: »Nun kann man sich unmöglich eine Vernunft denken, die mit ihrem eigenen Bewußtsein in Ansehung ihrer Urteile anderswärtsher eine Lenkung empfinge, denn alsdann würde das Subjekt nicht seiner Vernunft, sondern einem Antriebe die Bestimmung der Urteilskraft zuschreiben. Sie muß sich selbst als Urheberin ihrer Prinzipien ansehen, unabhängig von fremden Einflüssen, folglich muß sie als praktische Vernunft, oder als Wille eines vernünftigen Wesens, von ihr selbst als frei angesehen werden.«[95] Diese Freiheit liegt aller Erfahrungserkenntnis zugrunde. Da der Mensch vermittels seiner Vernunft über eine solche Freiheit verfügt, muss er sich »nicht als zur Sinnen-, sondern zur Verstandeswelt gehörig, ansehen«[96].

Nun wird Kants Beweis der Geltung des kategorischen Imperativs für sinnlich-vernünftige Wesen wie den Menschen klarer. Der Mensch gehört, wie beschrieben, der Sinnen- und der Verstandeswelt an. Da aber die Verstandeswelt der Sinnenwelt zugrunde liegt und folglich auch deren Gesetze enthält, muss sich der Mensch den Gesetzen der Verstandeswelt unterwerfen. Der Mensch muss die Geltung des kategorischen Imperativs für sich anerkennen, da diese Gesetze durch den kategorischen Imperativ mit dem Willen sinnlich-vernünftiger Wesen verknüpft[97] sind.

---

[93] Ebd., S. 451, 37.
[94] Ebd., S. 452.
[95] Ebd., S. 448, 15, vgl. auch ebd., S. 452.
[96] Ebd., S. 452, 27.
[97] Ebd., S. 414.

Nachdem Kants GMS nun in einem kurzen Abriss dargestellt wurde, ist es Zeit für die kritische Analyse dieses Werkes hinsichtlich der Plausibilität seiner Axiome sowie des Grades an Beliebigkeit dieser ethischen Theorie.

Der erste wesentliche Punkt ist Kants Argument (Fußnote 46), dass es die wahre Bestimmung der Vernunft sei, einen guten Willen hervorzubringen. Auch wenn dieses Axiom ein wenig isoliert in der GMS steht und Kant im späteren Verlauf nie mehr direkt an dieses anknüpft, so ist es doch von einiger Bedeutung. Was würde es für Kants Werk bedeuten, wenn unser Wille ein moralisch schlechter Wille ist? Das schon genannte Argument, mit dem Kant zu beweisen sucht, dass jener Wille eben ein moralisch guter Wille ist, enthält eine Reihe gravierender Schwächen. Der wesentliche Kritikpunkt ist m.E., dass – selbst wenn man akzeptiert, die Vernunft sei nicht dazu geeignet, den Willen im Hinblick auf die optimale Befriedigung unserer Bedürfnisse sicher zu leiten – daraus nicht sicher folgt, es sei die Bestimmung der Vernunft, einen an sich guten Willen hervorzubringen. Die Vernunft könnte noch in vielerlei anderer Hinsicht Einfluss auf den Willen haben oder auch gar keinen besitzen, wobei jede derartige Behauptung wiederum selbst eines Beweises bedürfte. Mit Kants Argument ließe sich ebenso gut »beweisen«, dass es die Bestimmung unserer Vernunft sei, einen an sich schlechten Willen hervorzubringen. Das eben besprochene Argument Kants bezieht sich allerdings direkt auf sinnlich-vernünftige Wesen.

Kant schlägt aber über die Verstandeswelt noch einen zweiten, indirekten Weg ein, um zu beweisen, dass der Mensch einen guten Willen besitzt. Kant sagt ja, dass der Mensch kraft seiner Vernunft zur Verstandeswelt gehört. Weiter sagt er auch: »Als bloßen Gliedes der Verstandeswelt würden also alle meine Handlungen dem Prinzip der Autonomie des reinen Willens vollkommen gemäß sein.«[98] Diese Aussage wird als Analytizitätsthese bezeichnet und besagt, dass der Mensch als Mitglied der Verstandeswelt einen solchen reinen Willen, der stets das Gute will,

[98] Ebd., S. 453, 27.

besitzt.⁹⁹ Doch welche Plausibilität hat diese These für die Manifestation eines guten Willens bezüglich eines Wesens wie des Menschen, der ja eben nicht nur der Verstandes-, sondern auch der Sinnenwelt angehört? Kant müsste beweisen, dass der gute Wille der Verstandeswelt den schlechten, durch die Begierden und Neigungen der Sinnenwelt hervorgebrachten Willen dominiert. Hierzu trifft Kant in der GMS aber keinerlei Aussage.¹⁰⁰ Wie weiter unten hinsichtlich der Geltung des kategorischen Imperativs für sinnlich-vernünftige Wesen ausgeführt wird, ist die gegenteilige Behauptung, dass der Wille der Sinnenwelt den der Verstandeswelt dominiert, deutlich besser durch die Empirie gestützt. Kants Ausführungen und Thesen zur Existenz eines dominanten guten Willens sind daher wenig plausibel.

Die noch im ersten Abschnitt der GMS vorgenommene erste Ableitung des kategorischen Imperativs kann ebenfalls nur als Behauptung, nicht aber als Beweis gelten. Kant zeigt nicht, wie von einer Analyse moralischer Motivation auf den Inhalt eines moralischen Gesetzes geschlossen werden kann. Ein solcher Schluss ist schlicht nicht möglich.

Die im zweiten Abschnitt der GMS von Kant entwickelten verschiedenen Formulierungen des kategorischen Imperativs sind ebenfalls einer Reihe von Kritikpunkten ausgesetzt. Hier sollen aber nur die für diese Arbeit relevanten betrachtet werden. So benötigen die ersten beiden Formulierungen des kategorischen Imperativs stets eine Interpretation¹⁰¹ der Natur. Denn wenn man wie Kant der Meinung ist, dass Selbstmord aus Selbstliebe nicht als Naturgesetz gedacht werden kann und somit unmoralisch sei, wird unterstellt, dass die Selbstliebe einen bestimmten Zweck hat, und zwar das eigene Leben zu erhalten. Kant schreibt in diesem Sinne, »daß eine Natur, deren Gesetz es wäre, durch

---

⁹⁹ Vgl. Dieter Schönecker, Allen W. Wood: Kants »Grundlegung zur Metaphysik der Sitten«, 2007, 3. Auflage, Verlag Ferdinand Schöningh, Paderborn, S. 179 f.
¹⁰⁰ Ebd., S. 184 f.
¹⁰¹ Vgl. Dieter Schönecker, Allen W. Wood: Kants »Grundlegung zur Metaphysik der Sitten«, 2007, 3. Auflage, Verlag Ferdinand Schöningh, Paderborn, S. 133 f.

dieselbe Empfindung, deren Bestimmung es ist, zur Beförderung des Lebens anzutreiben, das Leben selbst zu zerstören, ihr selbst widersprechen und also nicht als Natur bestehen würde«[102]. Wie soll aber eine solche Interpretation gerechtfertigt werden? Ebenso gut könnte behauptet werden, Aufgabe der Selbstliebe ist es, ohne Rücksicht auf nahezu hundert Prozent der Weltbevölkerung das eigene Wohlergehen zu maximieren. Eine These, die m.E. schon eher Aussicht auf gute empirische Bestätigung hat. Eine solche Interpretation würde Selbstmord aus Selbstliebe universalisiert als Naturgesetz zulassen.

Für Kant muss eine Handlung, soll sie denn als moralisch gut gelten, nicht nur als universalisierbares Naturgesetz denkbar sein, sie muss darüber hinaus auch vom handelnden Subjekt gewollt werden. Der hierbei bestehende interpretatorische Freiraum zur Beurteilung der Frage, was als moralisch gut gelten und somit gewollt werden kann, ist ebenso groß wie die individuellen Wertvorstellungen der Menschen. Es zeigt sich daher, dass die ersten beiden Formulierungen des kategorischen Imperativs einen hohen interpretatorischen Freiraum enthalten, somit ermöglichen sie es, aus ein und derselben Handlung verschiedene, sich einander widersprechende moralische Wertungen abzuleiten. Die ersten beiden Formulierungen des kategorischen Imperativs enthalten somit ein hohes Maß an Beliebigkeit.

Kants dritte Formulierung des kategorischen Imperativs, eine Person jederzeit als Zweck an sich selbst und niemals bloß als Mittel zu betrachten, wirft sofort die Frage auf[103], welche Handlungen es denn nun sind, die den Menschen als Zweck an sich selbst respektieren, und welche ihn lediglich als ein Mittel nutzen. Die Antwort darauf lautet nach Kant, dass nur solche Handlungen moralisch gut sind, welche dem Betroffenen auch genehm sind. »Denn der, den ich durch ein solches Versprechen zu meinen Absichten brauchen will, kann unmöglich in meine Art, gegen ihn zu verfahren, einstimmen.«[104] Dieses recht über-

---

[102] Immanuel Kant, Grundlegung zur Metaphysik der Sitten, S. 422, 10.
[103] Das Folgende gilt analog auch für die vierte Formulierung des kategorischen Imperativs.
[104] Ebd., S. 429, 38.

zeugend klingende Unterscheidungskriterium ist allerdings problematisch. Stellt man sich mit Kant die Frage, ob der Betroffene einer Handlung in diese auch einstimmen würde, setzt man entweder voraus, was noch bewiesen werden muss, nämlich dass es so etwas wie einen gemeinsamen moralischen Konsens gibt, oder gelangt zu dem Schluss, dass einige Personen in diese Handlung einstimmen würden, andere aber nicht, ohne dass dadurch die moralische Wertung dieser Handlung klar wird.[105] Darüber hinaus kann ernstlich bezweifelt werden, dass es möglich ist, die Gedanken anderer zu denken. Man denkt immer nur seine eigenen Gedanken.

Nichtsdestotrotz ist diese Formulierung des kategorischen Imperativs hinsichtlich ihres Maßes an Beliebigkeit anders zu werten als die beiden vorhergehenden. Auch wenn Kant dies nicht expliziert und möglicherweise gar nicht im Sinn hatte, wird durch das Kriterium der »Einstimmung« ein Handlungskern umrissen, bei dem hinsichtlich seiner moralischen Wertung von einem Konsens auszugehen ist. Dieser Handlungskern umfasst die biologischen Grundbedürfnisse der Menschen. Da die *allermeisten* Menschen einander die Erfüllung dieser zubilligen, kommt es in der Regel auch zu einer einheitlichen moralischen Wertung von Handlungen, die Einfluss auf die Erfüllung dieser Grundbedürfnisse haben, und damit zu einem geringen Maß an Beliebigkeit innerhalb dieses Handlungskerns. Allerdings erstreckt sich die Reichweite der dritten Formulierung des kategorischen Imperativs weit jenseits eines solchen. Außerhalb dessen herrscht kein Konsens mehr. Dies führt dazu, dass diese Formulierung des kategorischen Imperativs in einem mittleren Grad als beliebig einzustufen ist.

Die Begründung der Würde des Menschen innerhalb der Zweck-an-sich-selbst-Formulierung des kategorischen Imperativs stellt lediglich eine Behauptung dar. Kant macht an keiner Stelle plausibel, warum aus der Fähigkeit des Menschen, allge-

---

[105] Vgl. Dieter Schönecker, Allen W. Wood: Kants »Grundlegung zur Metaphysik der Sitten«, 2007, 3. Auflage, Verlag Ferdinand Schöningh, Paderborn, S. 154.

mein gesetzgebend zu sein, also moralisch handeln zu können, seine Würde folgt, noch klärt er, was unter diesem Begriff überhaupt zu verstehen ist und warum zum Beispiel empfindungsfähige Wesen wie Tiere keine Würde besitzen.[106] Ein Axiom, das sicher nicht weniger plausibel ist.

Da die vierte Formulierung des kategorischen Imperativs in enger Verknüpfung zur eben diskutierten Zweck-an-sich-selbst-Formulierung steht und in Analogie zur zweiten Formulierung des kategorischen Imperativs zu lesen ist, gilt das dort Gesagte entsprechend.

Im Gegensatz zu den ersten vier Formulierungen des kategorischen Imperativs lassen sich aus der fünften keine moralischen Wertungen von Handlungen mehr ableiten, da weder der Handelnde noch der Bewertende ohne eigene Interessen sind. Solche Menschen gibt es schlicht nicht. Selbst wenn beispielsweise ein Mensch sein Leben dem Schutz der Natur und der Hilfe für die Schwächsten der Schwachen widmet, so dürfte er doch nicht fordern, dass sein Handeln zum allgemeinen Gesetz erhoben wird, da er ja im eigenen wie im fremden Interesse handelt. Damit jedoch kann er nicht mehr allgemein gesetzgebend sein. Vielmehr leitet die fünfte Formulierung des kategorischen Imperativs den Beweis für die Geltung all dessen ein.

Kommen wir daher nun zu Kants Argument der Gültigkeit des kategorischen Imperativs für sinnlich-vernünftige Wesen wie den Menschen. Wesentlich ist hier in Kants Argumentation das Axiom, dass die Verstandeswelt der Sinnenwelt übergeordnet ist.[107] Hierfür führt er aber keinerlei Beweis an, sondern lediglich metaphysische, nicht falsifizierbare Behauptungen. Diese Überordnung kann ebensogut bestritten werden. Tatsächlich gibt es hierfür einen triftigen Grund: Begierden und Neigungen wirken immer unmittelbar auf den Menschen, während die Verstandeswelt hingegen abstrakt bleibt. Dieses Argument wird gut durch die Empirie gestützt. Zu nennen ist hier beispielsweise die seit

---

[106] Vgl. ebd., S. 147 f.
[107] Vgl. ebd., S. 201.

Jahren, wenn nicht Jahrzehnten anhaltend ergebnislose Diskussion um Umweltschutz und Klimawandel. Den meisten handelnden Akteuren, egal auf welcher Ebene, ist das Problem und dessen Konsequenzen, so es nicht gelöst wird, bewusst. Deshalb mangelt es auch nicht an Appellen, Absichtserklärungen und brauchbaren Lösungsvorschlägen. In der Verstandeswelt wurden das Problem und die eigene Verantwortlichkeit erkannt sowie Maßnahmen zur Lösung erarbeitet. Doch genau an dem Punkt, wo die eben noch versprochenen Maßnahmen in die Tat umgesetzt werden müssten, also in die Sinnenwelt überführt werden sollen und nun den Akteuren Verzicht bei der Erfüllung ihrer Begierden und Neigungen abverlangen, ist immer und immer wieder eine Verschiebung, Verwässerung oder Rücknahme dieser Maßnahmen zu konstatieren. Es ist also, um in der Kantschen Terminologie zu bleiben, vielleicht anzunehmen, dass die Verstandeswelt unabhängig von der Sinnenwelt ist, die beobachtbaren Tatsachen sprechen in jedem Falle jedoch gegen die Behauptung, die Verstandeswelt wäre der Sinnenwelt übergeordnet. Eher ist das Gegenteil richtig. Daher ist Kants entscheidendes Axiom, dass die Verstandeswelt der Sinnenwelt übergeordnet ist, weit weniger plausibel als seine Umkehrung. Ist dem aber so, gilt der kategorische Imperativ nicht für den Menschen.

Akzeptiert man, wie in Einleitung und den ersten beiden Kapiteln dieses Buches dargelegt, dass ethische Theorien nicht bewiesen werden, sondern nur auf Grundlage ihrer Axiome ein höheres oder geringeres Maß an Plausibilität für sich beanspruchen können, so ist festzustellen, dass Kants GMS aus vorgenannten Gründen, besonders aber aufgrund des Axioms, dass die Verstandeswelt der Sinnenwelt übergeordnet ist, nur wenig plausibel erscheint. Ebenso lassen die Formulierungen des kategorischen Imperativs, welche er in der GMS entwirft, mit gewissen Einschränkungen hinsichtlich der dritten Formulierung ceteris paribus eine Fülle sich widersprechender moralischer Wertungen ein und derselben Handlung zu. Daher ist die GMS als beliebig einzustufen, jedoch aufgrund der dritten Formulierung des kategorischen Imperativs im Vergleich zum Utilitarismus in einem geringeren Maße.

Der konstatierte Mangel bezüglich der Plausibilität der von Kant innerhalb der GMS verwendeten Axiome, besonders aber das hohe Maß an Beliebigkeit dieser ethischen Theorie, welche sich in einem hohen interpretativen Freiraum bei der Verwendung der einzelnen Formulierungen des kategorischen Imperativs[108] manifestiert, folgt aus der Unmöglichkeit, weder den Beweis der Geltung des kategorischen Imperativs für den sinnlich-vernünftigen Menschen noch die einzelnen Formulierungen desselben einer Prüfung durch das zweite Axiom dieser Arbeit zu unterziehen. Die kategorischen Imperative Kants enthalten keine Aussagen zu überprüfbaren Tatsachen, sondern beschreiben Entitäten. Daher wird nie ganz klar, was genau die Menschen tun oder nicht tun sollen, mit der Folge, dass es dem Anwender möglich ist, im Einklang mit Kants GMS ein und dieselbe Handlung je nach verfolgtem Zweck moralisch gegensätzlich zu beurteilen.

3.3 John Rawls: »Eine Theorie der Gerechtigkeit«

Wichtig für das Anliegen dieser Arbeit ist nur der Theorieteil derselben, insbesondere über den Urzustand mit seinem Schleier des Nichtwissens, das Überlegungsgleichgewicht sowie die beiden Gerechtigkeitsgrundsätze.

Der Urzustand spielt für Rawls »dieselbe Rolle wie der Naturzustand in der herkömmlichen Theorie des Gesellschaftsvertrages«.[109] Dabei ist natürlich klar, dass es sich bei der Konstruktion des Urzustandes um ein Gedankenexperiment handelt und nicht um einen wie und wann auch immer tatsächlich eintretenden oder bereits eingetretenen Zustand.

Ein wesentliches Element des Urzustandes ist der Schleier des Nichtwissens. Seine Aufgabe ist es, den an der Festlegung der Grundsätze der Gerechtigkeit beteiligten Parteien jene Informationen[110] vorzuenthalten, die diese dazu nutzen könnten, die

[108] Seine dritte Formulierung bildet eine – eingeschränkte – Ausnahme.
[109] John Rawls: Eine Theorie der Gerechtigkeit, 2003, stw, S. 28.
[110] Hierzu zählen u.a. Informationen über Intelligenz, Körperkraft, Klassen- und Religionszugehörigkeit und den eigenen Platz in der

zu beschließenden Gerechtigkeitsgrundsätze zu ihrem Vorteil auszugestalten.[111] Damit sind nun aber nicht alle nur möglichen Informationen gemeint. Solche, die sich »aus dem Alltagsverstand und allgemein anerkannten Analysemethoden ergeben«[112], sind sehr wohl bekannt. Hierzu zählen das Wissen über die Grundzüge der Wirtschaftstheorie, die Grundfragen der gesellschaftlichen Organisation sowie die Gesetze der menschlichen Psychologie.[113]

Eine Besonderheit zeichnet den durch den Schleier des Nichtwissens konkretisierten Urzustand noch aus, und zwar, dass Menschen nicht neidisch sind und kein Interesse an den Interessen anderer haben.[114]

In diesem so beschriebenen Urzustand sollen sich die Menschen nun auf eine Gerechtigkeitsvorstellung einigen. Jedoch lässt ihnen Rawls in seinem Gedankenexperiment nicht die Wahl zwischen allen möglichen Gerechtigkeitsvorstellungen, sondern legt ihnen eine relativ begrenzte Liste mit möglichen Gerechtigkeitsvorstellungen vor, die neben klassisch teleologischen, intuitionistischen und egoistischen Auffassungen auch seine beiden Gerechtigkeitsgrundsätze enthält. Eine in dieser Liste verzeichnete Gerechtigkeitsvorstellung müssen die Parteien im Urzustand einstimmig annehmen.[115]

Die Grundsätze, die als Resultat aus diesem Prozess hervorgehen, bestimmen ihrerseits die Grundrechte und -pflichten sowie die Verteilung gesellschaftlicher Güter.[116]

Folgerichtig ist es ein weiterer Argumentationsschritt Rawls, zu zeigen, dass sich die Menschen in seinem Gedankenexperiment auf die beiden von ihm vorgestellten Gerechtigkeitsgrundsätze einigen würden.[117] Sie lauten in ihrer endgültigen Fassung:

    Gesellschaft, vgl. ausführlich: John Rawls: Eine Theorie der Gerechtigkeit, 2003, stw, S. 160.
[111] Vgl. ebd., S. 28 f., 159 f.
[112] Ebd., S. 160.
[113] Vgl. ebd., S. 160 f.
[114] Vgl. ebd., S. 168, 171.
[115] Vgl. ebd., S. 144–147.
[116] Vgl. ebd., S. 28.
[117] Vgl. ebd., S. 81, 146.

»*Erster Grundsatz*
Jedermann hat gleiches Recht auf das umfangreichste Gesamtsystem gleicher Grundfreiheiten, das für alle möglich ist.

Zweiter Grundsatz
Soziale und wirtschaftliche Ungleichheiten müssen folgendermaßen beschaffen sein:
(a) sie müssen unter der Einschränkung des gerechten Spargrundsatzes den am wenigsten Begünstigten den größtmöglichen Vorteil bringen, und
(b) sie müssen mit Ämtern und Positionen verbunden sein, die allen gemäß fairer Chancengleichheit offen stehen.«[118]

Im Folgenden[119] bestimmt Rawls zwei Vorrangregeln, die das Verhältnis der beiden Grundsätze zueinander auf eine Weise festlegen, dass der zweite Grundsatz erst zum Tragen kommt, wenn der erste vollständig erfüllt oder nicht anwendbar ist. Bezogen auf die beiden Gerechtigkeitsgrundsätze bedeutet dies, dass Grundfreiheiten nur um Freiheiten willen eingeschränkt werden können, nicht jedoch um der Regelung wirtschaftlicher und sozialer Ungleichheiten willen (erste Vorrangregel).[120] Die zweite Vorrangregel verlangt das Primat der Chancengleichheit vor Leistungsfähigkeit und Lebensstandard.[121]

Wesentlich, um zu zeigen, dass sich die Menschen aus der ihnen vorgelegten Liste von Gerechtigkeitsvorstellungen auf diese beiden Grundsätze einigen würden, ist die Maximin-Regel, also die Maximierung der Minima.[122] Auf den Seiten 176 bis

---

[118] Ebd., S. 336.
[119] Vgl. ebd., S. 336 f.
[120] Vgl. ebd., S. 62, 336.
[121] Vgl. Peter Koller: Die Grundsätze der Gerechtigkeit, in: Otfried Höffe (Hrsg.): Eine Theorie der Gerechtigkeit, Akademie Verlag, 2006, S. 56.
[122] »Die Maximin-Regel ordnet die Alternativen nach ihren schlechtesten möglichen Ergebnissen: man soll diejenige wählen, deren schlechtestmögliches Ergebnis besser ist als das jeder anderen.« John Rawls: Eine Theorie der Gerechtigkeit, 2003, stw, S. 178.

185 der hier zitierten Ausgabe von »Eine Theorie der Gerechtigkeit« begründet Rawls, warum der durch den Schleier des Nichtwissens konkretisierte Urzustand jene Eigenschaften aufweist, die dazu führen, dass die Maximin-Regel als Entscheidungsregel von den am Urzustand beteiligten Parteien gewählt werden würde. Diese Eigenschaften sind: a.) Die Entscheidung muss unter Unsicherheit gefällt werden, d.h. die Eintrittswahrscheinlichkeit eines Zustandes ist nicht bekannt oder höchst unsicher, b.) die Entscheidenden wollen mindestens das durch die Maximin-Regel gesicherte Minimum erreichen, ohne dass es ihnen allzu wichtig ist, darüber hinausgehende Vorteile zu erhalten, c.) die durch die Verwendung der Maximin-Regel abgelehnten Möglichkeiten können zu unannehmbaren Ergebnissen führen.[123] Rawls erachtet diese Bedingungen im Urzustand als erfüllt.

Wesentlich ist nun, dass – akzeptiert man den Urzustand und die Maximin-Regel als Entscheidungsregel für die im Urzustand zu fällende Entscheidung – die beiden Gerechtigkeitsgrundsätze die Lösung dieses Entscheidungsproblems darstellen.[124]

Es ist nun an der Zeit, Rawls »Eine Theorie der Gerechtigkeit« hinsichtlich der für die Moralphilosophie elementaren Kategorien Beliebigkeit und Plausibilität von Axiomen zu bewerten. Die beiden Gerechtigkeitsgrundsätze sowie die mit ihnen verbundenen Vorrangregeln lassen an Eindeutigkeit nur wenig zu wünschen übrig. Entweder besitzen alle Menschen die gleichen Grundfreiheiten oder sie tun es eben nicht, womit gegen den ersten Gerechtigkeitsgrundsatz verstoßen wäre.

Es ist natürlich immer möglich, mithilfe rhetorischer Mittel Tatsachen, Ergebnisse oder Sachverhalte zu verdunkeln. Die Konzeption Rawls hinsichtlich der beiden Gerechtigkeitsgrundsätze in Verbindung mit den Vorrangregeln erschwert ein solches Vorhaben jedoch erheblich. So ist die Residenzpflicht, wie sie die deutsche Asylgesetzgebung kennt, nicht mit

[123] John Rawls: Eine Theorie der Gerechtigkeit, 2003, stw, S. 179.
[124] Vgl. Erik Stei: Gerechtigkeit und politischer Universalismus – John Rawls' Theorie der Gerechtigkeit. Eine kritische Analyse der Rechtfertigungsleistung, 2007, Tectum Verlag, S. 61.

Rawls Gerechtigkeitsgrundsätzen vereinbar, da sie einseitig die Grundfreiheiten der Asylsuchenden beschränkt und ihre ökonomische Begründung, also die gleichmäßige Verteilung der finanziellen Kosten auf die Bundesländer, dem Primat der Grundfreiheiten nachgeordnet ist. Auch jenseits dieses Beispieles bedarf es schon eines gehörigen Maßes an Sophisterei, um solche aus der Theorie der Gerechtigkeit abgeleiteten Ergebnisse unter Verwendung derselben Theorie in ihr Gegenteil zu verkehren.

Natürlich steht die Frage im Raum, ob ein gegebenes Gesamtsystem an Grundfreiheiten das für alle umfangreichste ist. Auf diese Frage lässt sich aber eine Antwort finden, indem man prüft, ob ein noch umfangreicheres System wiederum die Bedingung der gleichen Grundfreiheiten für alle Bürger erfüllt und mit dem zweiten Gerechtigkeitsgrundsatz sowie mit den Vorrangregeln vereinbar ist. Dies ist möglich, da der zweite Gerechtigkeitsgrundsatz sowie die Vorrangregeln ebenfalls sehr eindeutig sind. Entweder bringt eine ungleiche Verteilung wirtschaftlicher Güter den am wenigsten Begünstigten den größten Vorteil oder sie tut es nicht. Natürlich lässt sich darüber streiten, ob dieser Vorteil absolut oder relativ bemessen werden muss. Gegen die Annahme der absoluten Bemessung spricht aber, dass unter Berücksichtigung sehr großer wirtschaftlicher Ungleichheiten, wie sie heute üblich sind, nur die relative Bemessung von wirtschaftlichen Vorteilen überhaupt einen mit wirtschaftlichen Ungleichheiten einhergehenden ökonomischen Wandel zulässt. Da in einem ökonomischen Kontext Geldeinheiten entscheidend sind, lassen sich dieser relative Vorteil sowie die am wenigsten begünstigten Personen auch sehr gut bestimmen. Hinsichtlich des Zugangs zu Ämtern und Positionen gilt ebenfalls, dass diese entweder allen unabhängig von Hautfarbe, Geschlecht, Religionszugehörigkeit usw. offenstehen oder eben nicht.

Da die Vorrangregeln in sich konsistent sind und nur wenig bis keinen Interpretationsspielraum lassen, stehen sie den beiden Gerechtigkeitsgrundsätzen hinsichtlich ihrer Eindeutigkeit nicht nach.

Diese überaus positive Bewertung der »Beliebigkeit« der

Rawlsschen Theorie mag überraschen. Für einige Autoren[125] sind die Gerechtigkeitsgrundsätze bei Weitem nicht so eindeutig. Der Großteil dieser Kritik bedient sich jedoch des Tricks, eine Theorie, die ein »Sollen« der Menschen zu beweisen sucht, mit dem Verweis auf ihr tatsächliches »Tun« zu entkräften. Mit dieser Methode lässt sich freilich jede ethische Theorie zerschlagen. Peter Koller wendet zum Beispiel ein, dass der Schutz der Grundfreiheiten knappe ökonomische Mittel erfordert und daher ein Primat der Grundfreiheiten vor ökonomischen Grundgütern nicht gegeben sein kann.

Aber darum geht es in Rawls Theorie überhaupt nicht. Er versucht lediglich, jene Grundsätze zu identifizieren und als richtig zu beweisen, von denen er glaubt, dass, wenn eine Gesellschaft nach diesen aufgebaut wird, diese eine gerechte Gesellschaft ist. Er fordert also ein bestimmtes Verhalten, ein »Sollen« von Menschen[126] und Institutionen ein. Mit anderen Worten, er versucht, eine Theorie zu beweisen, die als Fixpunkt zur moralischen Bewertung der Gegenwart dient. Halten sich Menschen wie Institutionen an dieses geforderte »Sollen«, folgt daraus automatisch die Sicherung des Primats der Grundfreiheiten ohne jeden Einsatz ökonomischer Güter. Der Versuch, diese Theorie mit dem Hinweis auf eine Gegenwart zu entkräften, in der die Menschen durch ihr tatsächliches »Tun« den Einsatz ökonomischer Güter zur Sicherung der Grundfreiheiten erforderlich machen, ist absurd. Aber genau darauf läuft das Argument Peter Kollers hinaus.

Eine ethische Theorie kann nur aufgrund einer Kritik ihrer logischen Struktur, der Plausibilität der in ihr gemachten Annahmen, ihrer erkenntnistheoretischen Voraussetzungen, ihres Grades an Beliebigkeit oder der ihr zugewiesenen Reichweite beurteilt werden. Sie anhand von Argumenten zu beurteilen, die sich

---

[125] Vgl. z. B. Peter Koller: Die Grundsätze der Gerechtigkeit, in: Höffe, Otfried (Hrsg.): Eine Theorie der Gerechtigkeit, Akademie Verlag, 2006, S. 57–62.

[126] Zu den Grundsätzen für Einzelmenschen, z. B. der Pflicht, keinem anderen Schaden oder Unrecht anzutun, vgl. John Rawls: Eine Theorie der Gerechtigkeit, 2003, stw, S. 130–139.

gar nicht auf sie beziehen, sondern auf Tatsachen, die außerhalb dieser Theorie liegen, ist ein logischer Fehler. Eine ethische Theorie, welche in ihrem Kern überhaupt keine Aussage über das tatsächliche Verhalten von Menschen trifft, kann man nicht mit einem Verweis auf dieses Verhalten angreifen.

Kommen wir nun zur Beurteilung der Plausibilität der Axiome innerhalb der Rawlschen Theorie. Der erste wesentliche Punkt hierbei ist der Urzustand, welcher eine rein hypothetische Situation darstellt. In Bezug auf den hypothetischen Charakter dieses Urzustandes könnte man in Anlehnung an Autoren wie zum Beispiel Erik Stei einwenden, dass Verträgen, die in hypothetischen Situation geschlossen wurden, keine empirische Geltung zukommen kann[127], und es bei diesem Hinweis belassen.

Ganz so einfach liegen die Dinge jedoch nicht. Deduziert man wie Rawls moralische Prinzipien aus einer hypothetischen Vertragssituation, ist lediglich ein zusätzliches Argument notwendig, um dieser die gleiche moralische Valenz zu verleihen, die einer realen Vertragssituation innewohnt. Aber genau dieses Argument nennt Rawls. Die Frage der normativen Verbindlichkeit seines hypothetischen Urzustandes beantwortet er wie folgt: »Die Antwort ist, dass wir die der Beschreibung des Urzustandes zugrundeliegenden Bedingungen tatsächlich akzeptieren.«[128] Rawls argumentiert also mit dem schon in der Einleitung dieses Buches genannten Gedanken, dass nur den von allen Menschen geteilten moralischen Vorstellungen Verbindlichkeit zukommt. Wenn also die Menschheit tatsächlich eine bestimmte Vertragssituation, auch wenn dies eine hypothetische ist, als Grundlage zur Deduktion moralischer Prinzipien akzeptiert, wäre der empirische Beweis für die normative Geltung dieser hypothetischen Vertragssituation erbracht.

Diesen notwendigen Nachweis, dass die Menschheit die von Rawls entwickelte hypothetische Vertragssituation des Urzu-

---

[127] Vgl. Erik Stei: Gerechtigkeit und politischer Universalismus – John Rawls' Theorie der Gerechtigkeit. Eine kritische Analyse der Rechtfertigungsleistung, 2007, Tectum Verlag, S. 33 f., 63.
[128] John Rawls: Eine Theorie der Gerechtigkeit, 2003, stw, S. 39.

standes tatsächlich als Grundlage zur Deduktion moralischer Prinzipien akzeptiert, erbringt Rawls aber nicht, sondern behauptet dies nur. Ein solcher Beweis kann meines Erachtens nach auch nicht erbracht werden, denn dazu müsste tatsächlich jeder Mensch befragt werden. Dies bedeutet jedoch nicht, dass Rawls Auffassung, nämlich dass die Menschen den Urzustand und dessen Bedingungen tatsächlich akzeptieren, per se falsch ist. Er kann seine Anschauung nur nicht beweisen. Daher ist es sinnvoll, diese Auffassung als Axiom anzusehen und zu prüfen, wie plausibel ein solches Axiom ist.

Der Schleier des Nichtwissens als eine wesentliche Komponente in der Beschreibung der hypothetischen Situation des Urzustandes kann wahrscheinlich auf die Zustimmung aller rechnen. Es ist jedoch höchst unwahrscheinlich, dass die Annahme von Menschen im Urzustand, die keinen Neid kennen, ebensolche Zustimmung erfährt. Dazu fehlt dieser Annahme schlichtweg die notwendige Anschlussfähigkeit an das wirkliche Leben der Menschen, die diese Bedingung der hypothetischen Situation des Urzustandes akzeptieren müssten. Dieses Problem hat auch Rawls erkannt.[129] Er versucht es zu lösen, indem er seine Argumentation in zwei Teile aufspaltet. Ersterer entspricht im Wesentlichen dem Entscheidungsprozess im Urzustand, umfasst also die Aufstellung der Gerechtigkeitsgrundsätze. In diesem Teil bleibt es dabei, dass die Menschen keinen Neid kennen.[130] Er löst also das Problem der fehlenden Anschlussfähigkeit seiner Annahme am wirklichen Leben der Menschen nicht, sondern zementiert diese. Im zweiten Teil wird dann geprüft, »ob die der beschlossenen Gerechtigkeitsvorstellung entsprechende wohlgeordnete Gesellschaft tatsächlich Neid [...] erzeugen wird«[131]. Dieser zweite Teil ist pure Spekulation, da eine rein hypothetische Situation analysiert wird.

Folglich ist Rawls Versuch, die Tatsache, dass die Menschen nun einmal neidisch sind, in seine Theorie zu integrieren,

---

[129] Vgl. ebd., S. 167.
[130] Vgl. ebd., S. 575 f.
[131] Ebd., S. 576.

gescheitert. Ebenfalls spekulativ ist die Annahme, dass alle Menschen im Urzustand die Maximin-Regel als Entscheidungsregel für eine Entscheidung unter Unsicherheit wählen würden. Hier wäre es ebenso denkbar, dass die Menschen um größerer wirtschaftlicher oder anderer Chancen willen eine Entscheidungsregel als Grundlage zur Deduktion moralischer Prinzipien vorziehen, mit der ein sozialökonomisches Existenzminimum gesichert, nicht aber maximiert werden soll.[132]

Es zeigt sich also, dass weder die Beschreibung des Urzustandes noch die Maximin-Regel auf die Zustimmung aller rechnen können. Relativ betrachtet ist die Maximin-Regel hierbei weniger das Problem. Sie steht, was ihre Plausibilität angeht, nicht hinter den genannten und anderen Alternativen wie zum Beispiel dem Durchschnittsnutzenprinzip zurück, beschert also der Theorie der Gerechtigkeit zumindest keinen Nachteil gegenüber anderen ethischen Theorien. Das Hauptproblem ist meiner Meinung nach die Voraussetzung, dass die Menschen im Urzustand keinen Neid kennen. Es erscheint wenig plausibel, dass die Menschen diese Beschreibung des Urzustandes aus dem genannten Grunde akzeptieren. Dies müssten sie jedoch, um Rawls hier als axiomatische verstandene Behauptung, »daß wir die der Beschreibung des Urzustandes zugrundeliegenden Bedingungen tatsächlich akzeptieren«,[133] gerecht zu werden. Dieser kontraktualistische Versuch Rawls, seiner ethischen Theorie Plausibilität zu verleihen, glückt daher nicht ganz.

Rawls versucht seine Theorie aber noch durch eine andere Argumentation zu plausibiliren. Er bedient sich dazu kohärenztheoretischer[134] Argumente, und zwar indem er prüft, ob die im

---

[132] Vgl. Otfried Höffe: Einführung in Rawls' Theorie der Gerechtigkeit, in: Otfried Höffe (Hrsg.): Eine Theorie der Gerechtigkeit, Akademie Verlag, 2006, S. 21.

[133] John Rawls: Eine Theorie der Gerechtigkeit, 2003, stw, S. 39.

[134] Die Kohärenztheorie vertritt die Auffassung, dass die Wahrheit oder Falschheit einer Aussage danach zu beurteilen ist, inwieweit sich diese Aussage widerspruchslos in ein Gesamtsystem von Aussagen einfügen lässt. Diese Theorie, um wahre von falschen Aussagen zu unterscheiden, hat jedoch zwei gravierende Nachteile, weshalb

Urzustand gewählten Gerechtigkeitsgrundsätze unseren wohlüberlegten Gerechtigkeitsvorstellungen entsprechen oder sie erweitern.[135] Rawls meint, dass wahrscheinlich die im Urzustand gewählten Grundsätze von unseren wohlüberlegten Gerechtigkeitsvorstellungen abweichen. Um diese Differenz auszugleichen und so allgemein akzeptierte Gerechtigkeitsgrundsätze aufzufinden, schlägt er vor, die Konkretisierung des Urzustandes und unsere wohlüberlegten Gerechtigkeitsvorstellungen wechselseitig abzuändern. »Wir gehen hin und her, einmal ändern wir die Bedingungen für die Vertragssituation, ein andermal geben wir unsere Urteile auf und passen sie den Grundsätzen an; so, glaube ich, gelangen wir schließlich zu einer Konkretisierung des Urzustandes, die sowohl vernünftigen Bedingungen genügt als auch zu Grundsätzen führt, die mit unseren – gebührend bereinigten – wohlüberlegten Urteilen übereinstimmen.«[136] Dieses Verfahren nennt Rawls Überlegungs-Gleichgewicht. Es stellt den Versuch dar, die beiden Gerechtigkeitsgrundsätze aus kohärenztheoretischer Perspektive zu rechtfertigen.

Rawls geht nun davon aus, dass seine beiden Gerechtigkeitsgrundsätze im Urzustand gewählt würden und besser als andere moralische Theorien unseren wohlüberlegten Gerechtigkeitsvorstellungen im Sinne des Überlegungs-Gleichgewichtes entsprechen.[137] Dieses spielt daher eine zentrale Rolle in Rawls Rechtfertigungsversuch seiner beiden Gerechtigkeitsgrundsätze und muss folglich in seiner Funktionsweise untersucht werden.

Passt man die wohlüberlegten Gerechtigkeitsvorstellungen an

> sie in der Theorie des genetischen Codes als Invariante menschlicher Moral keine Verwendung findet. Zum einen kann die Kohärenztheorie keine Aussage über den Wahrheitsgehalt zweier gleich kohärenter, aber einander widersprechender Aussagen treffen. Zum anderen beruht die Kohärenztheorie auf der Logik. Will man nun die Richtigkeit dieser Theorie beweisen, muss man aber auf die Logik zurückgreifen und macht somit zur Voraussetzung, was erst noch bewiesen werden muss. Vgl. dazu Bertrand Russell: Probleme der Philosophie, 1967, Suhrkamp Verlag, S. 108 f.

[135] Vgl. John Rawls: Eine Theorie der Gerechtigkeit, 2003, stw, S. 37.
[136] John Rawls: Eine Theorie der Gerechtigkeit, 2003, stw, S. 38.
[137] Vgl. John Rawls: Eine Theorie der Gerechtigkeit, 2003, stw, S. 69.

die im Urzustand gewählten Grundsätze an, stellt sich die Frage nach der Richtigkeit dieser Grundsätze erneut, da ihr kontraktualistischer Rechtfertigungsversuch fehlgeschlagen ist, ohne dass uns die vorgenommene Anpassung eine Antwort liefert. Ändert man andererseits die Konkretisierung des Urzustandes, sodass die in ihm gewählten Grundsätze unseren Gerechtigkeitsvorstellungen entsprechen, argumentiert man zirkulär,[138] da die Prämissen in Abhängigkeit vom gewünschten Ergebnis so gewählt und ausgestaltet werden, dass aus ihnen eben jenes gewünschte Ergebnis folgt. Das Modell des Überlegungs-Gleichgewichtes kann also schon aufgrund seiner Konstruktion keinen Beweis für die Plausibilität der beiden von Rawls vertretenen Gerechtigkeitsgrundsätze und der Theorie der Gerechtigkeit liefern. Die einzige Möglichkeit Rawls, die Grundsätze der Gerechtigkeit durch die Kohärenztheorie zu rechtfertigen, wäre, zu zeigen, dass sie ohne jede Änderung im Sinne des Überlegungs-Gleichgewichtes von den Menschen akzeptiert würden.

Es bleibt also festzuhalten, dass Rawls »Eine Theorie der Gerechtigkeit« zwar nicht beliebig, aber auch nicht allzu plausibel in ihren Axiomen ist. Viel mehr ist Otfried Höffes Einschätzung zutreffend, dass dieses Werk eine sehr persönliche wohlüberlegte Gerechtigkeitsvorstellung beschreibt, welche keine kulturinvariante Geltung beanspruchen kann.[139] Das grundlegende Problem besteht darin, dass die Resultate der Entscheidungen der Menschen für oder gegen eine Gerechtigkeitsvorstellung – hinter dem Schleier des Nichtwissens – der Prüfung durch das zweite Axiom dieser Arbeit[140] nicht zugänglich sind.

Wären sie das und hätte Rawls mit seiner Annahme recht, dass seine Gerechtigkeitsgrundsätze gewählt würden, könnte man

---

[138] Vgl. Ingeborg Maus: Der Urzustand, in: Otfried Höffe (Hrsg.): Eine Theorie der Gerechtigkeit, Akademie Verlag, 2006, S. 87.

[139] Vgl. Otfried Höffe: Einführung in Rawls' Theorie der Gerechtigkeit, in: Otfried Höffe (Hrsg.): Eine Theorie der Gerechtigkeit, Akademie Verlag, 2006, S. 25.

[140] Wahr ist ein Satz dann und nur dann, wenn er mit den Tatsachen, die er beschreibt, übereinstimmt.

diese mithilfe des ersten Axioms[141] dieser Arbeit als moralisch verbindlich erklären. Obwohl dies nicht möglich ist, ist »Eine Theorie der Gerechtigkeit« meiner Auffassung nach noch die plausibelste und mit Sicherheit die am wenigsten beliebige der drei in diesem Abschnitt vorgestellten ethischen Theorien.

---

[141] Nur die moralischen Normen sind gültig und für jeden bindend, die aus den Rechten erwachsen, welche alle reflexionsfähigen Menschen für sich in Anspruch nehmen.

4 Der genetische Code als Invariante menschlicher Moral

Wenn im Folgenden vom menschlichen Genom oder vom genetischen Code des Menschen die Rede ist, bezeichnet dies immer beide Genome des Menschen. Zum einen jenes kleinere, welches in den Mitochondrien vieler Zellen sitzt.[142] Zum anderen das zweite, viel größere Genom, welches im Zellkern sitzt und aus circa sechs Milliarden Basenpaaren der DNA besteht.[143] Diese DNA-Sequenz ist eine »Anweisung zur Produktion eines Satzes einfacher Proteine und anderer, nicht Protein-produzierender Informationen, die beide zusammen den erforderlichen Hintergrund und die Anleitung zu normaler menschlicher Entwicklung und Funktion bilden«.[144]

Um die unverzichtbare Rolle des menschlichen Genoms in einer nicht beliebigen und in ihren Axiomen plausiblen ethischen Theorie zu erläutern, soll die Einleitung dieses Buches rekapituliert werden.

Es wurden drei axiomatische Setzungen vorgenommen. Die zweite lautet, dass ein Satz dann und nur dann wahr ist, wenn er mit den Tatsachen, die er beschreibt, übereinstimmt. Diese auf Alfred Tarski zurückgehende Definition eines wahren Satzes ist eine tragende Säule der noch zu entwickelnden ethischen Theorie. Man mag dieser Definition widersprechen, dies ist jedoch nur auf eine ebenso axiomatische Weise ohne Letztbegründung möglich. Akzeptiert man, dass auch eine letzte Begründung mit der Frage nach dem »Warum« konfrontiert werden kann, es also keine Letztbegründung gibt, gelangt man zu dem Schluss, dass die hier verwandte Methode, um wahre von falschen Sätzen zu unterscheiden, die Falsifizierbarkeit und somit die Wissenschaftlichkeit der zu entwickelnden ethischen Theorie sichert.

[142] Vgl. Paul Billings, Sophia Koliopoulus: Was ist das Humangenom?, in: Jean-Francois Mattei (Hrsg.): Das menschliche Genom – ethisch betrachtet, Lit Verlag, 2004, S. 16.
[143] Vgl. ebd., S. 17.
[144] Ebd., S. 17.

Die erste axiomatische Setzung behauptet, dass nur moralische Normen gültig sind, die aus den Rechten erwachsen, welche alle reflexionsfähigen Menschen für sich in Anspruch nehmen, und diese Normen dann für alle Menschen gelten.[145] Hier ist natürlich der Nachweis zu erbringen, dass es sich bei einer solchen Schnittmenge nicht um die leere Menge handelt. An dieser Stelle wird der genetische Code des Menschen zum ersten Mal bedeutsam. Er stellt sicher, dass von den Menschen immer auch moralische Normen aufgestellt werden, die sich auf die Sicherung der eigenen Existenz beziehen. Da diese für alle Menschen gleich oder annähernd gleich sind, ist somit eine nicht leere Schnittmenge moralischer Normen garantiert.

Das dritte Axiom stellt sicher, dass ein moralisch handelnder Mensch nicht gefangen genommen werden kann. Diese Forderung ergibt sich nicht immer, wie z. B. auch im Utilitarismus, aus den sonstigen verwandten Axiomen. Ohne ein solches Axiom lassen sich aber die potenziellen Folgen aus den Anwendungen einer ethischen Theorie nur schwerlich realisieren. Daher wird ein solches oder ähnliches Axiom in fast allen ethischen Theorien explizit oder implizit verwendet und es ist für diese Arbeit zwar weniger spezifisch, aber dennoch unverzichtbar.

Wie schon in der Einleitung gesagt, nimmt eine ethische Theorie in Tarskis Definition den Platz der Sätze ein. Eine ethische Theorie als ein System von Sätzen bezieht sich auf Menschen; sie stellen die beobachtbaren Tatsachen dar. Eine ethische Theorie kann folglich dann und nur dann als wahr bewiesen bezeichnet werden, wenn die in ihr enthaltenen Sätze mit den von den Menschen aufgestellten moralischen Normen übereinstimmen. Dieser Idealfall hinsichtlich der Beweisbarkeit einer ethischen Theorie teilt die Theorie des genetischen Codes als Invariante menschlicher Moral in zwei Teile.

---

[145] Die vorgenommene Formulierung dieses Axioms ist unumgänglich. Alternative Formulierungen, die darauf abstellen, dass es zwischen den Menschen so etwas wie gemeinsam geteilte moralische Normen gibt, scheitern an dem dafür notwendigen Nachweis, dass jeder Mensch die Rechte, die er für sich selbst in Anspruch nimmt, auch allen anderen zubilligt.

Im ersten wird gezeigt, welche Rechte jeder reflexionsfähige Mensch für sich in Anspruch nimmt. Auf diesen Teil lässt sich die Definition dessen, was einen wahren Satz konstituiert, vollkommen anwenden. Denn es ist jedem möglich, reflexionsfähige Menschen zu präsentieren, die entgegen der hier vertretenen Auffassung die noch darzustellenden Rechte nicht für sich in Anspruch nehmen, in einem Sinne, dass sie andere darauf verpflichten, diese zu achten. Kurz – die Sätze innerhalb dieses Teils der Theorie des genetischen Codes als Invariante menschlicher Moral lassen sich an Tatsachen prüfen. Aufgabe hier ist es, jene aus diesen Rechten erwachsenen moralischen Normen zu identifizieren, die kulturinvariant und auch sonst unabhängig von den Lebensumständen und sozioökonomischen Bedingungen des Einzelnen sind, jedoch von allen für sich in Anspruch genommen werden. Die Auffindung solcher Normen wäre ein großer Fortschritt im Vergleich zu vielen, wenn nicht allen anderen ethischen Theorien.

Der zweite Teil der hier vorgestellten ethischen Theorie erklärt dann diese Normen für alle Menschen als gültig und verbindlich, und zwar, um es klar zu sagen, auf Grund einer axiomatischen Setzung, die eben dieses behauptet. Diesem Axiom liegt die Frage zugrunde: Wenn nicht die moralischen Normen, welche aus jenen Rechten erwachsen, die jeder reflexionsfähige Mensch für sich in Anspruch nimmt, Allgemeingültigkeit erlangen sollen, welche dann?

Es könnte natürlich beispielsweise geantwortet werden: jene, die aus Gottes Willen erwachsen. Nur kommen die Vertreter solcher Theorien in »Teufels Küche«, wenn sie die Existenz des Urhebers dieser Normen beweisen müssen oder aber man sie fragt, woher sie denn überhaupt wissen, welche moralischen Normen Gott vertritt. Ein ähnliches Problem betrifft die in Kapitel drei dargestellten ethischen Theorien. Bei Kant wird nie so recht klar, was wir als rein intelligible Wesen wollen würden. Der Utilitarismus überlässt es ebenso dem Gusto des Anwenders, welche Handlungen das Glück der Gemeinschaft vermehren und welche dies nicht tun. Rawls vermutet lediglich, für welche Entscheidungsregel sich die Menschen hinter dem Schleier des Nichtwissens entscheiden würden, ganz abgesehen von ihren begrenzten Wahlmöglichkeiten und der wenig plausiblen Annahme, dass die Menschen im Urzustand keinen Neid kennen.

Die hier vorgenommene erste axiomatische Setzung hat demgegenüber den unschätzbaren Vorteil, dass sie sich im Gegensatz zu den genannten ethischen Theorien auf eine falsifizierbare Aussage – die Behauptung, dass jeder Mensch bestimmte Rechte für sich im o.g. Sinn in Anspruch nimmt – bezieht. Durch diesen meiner bescheidenen Meinung nach kaum zu überschätzenden Fakt ist die gesamte Theorie des genetischen Codes als Invariante menschlicher Moral weitaus weniger spekulativ.

Es soll aber nicht der Versuch unternommen werden, mithilfe rhetorischer Mittel zu verschleiern, dass der Schluss von den Rechten, die jeder reflexionsfähige Mensch für sich in Anspruch nimmt, auf für alle geltende moralische Normen kein logischer ist, sondern mithilfe einer axiomatischen Setzung vorgenommen wird, auf die Tarskis Definition eines wahren Satzes nicht mehr angewendet werden kann. Wahrscheinlich trifft dieses Problem der Generalisierung moralischer Normen jede ethische Theorie. Da sich der erste Teil der Theorie des genetischen Codes als Invariante menschlicher Moral jedoch nicht Tarskis Definition eines wahren Satzes verschließt und das erste Axiom auf diesen ersten Teil verweist, ist es jedoch im Gegensatz zu allen anderen dem Autor bekannten ethischen Theorien möglich, kulturinvariante und auch sonst von den Lebensbedingungen des Einzelnen unabhängige moralische Normen zu entwickeln. Dies ist an sich schon ein großer Fortschritt.

Dass diese so gefundenen Normen aufgrund einer axiomatischen Setzung Allgemeingültigkeit erlangen, soll nicht verschwiegen werden. Stellt man sich aber unabhängig von jedweder moralischen Theorie die Frage, welche Verhaltensnormen allgemein gültig sein sollen, und akzeptiert dann das Axiom, dass es jene sein sollen, die aus den Rechten erwachsen, welche alle reflexionsfähigen Menschen für sich in Anspruch nehmen, erhält man eine fruchtbare ethische Theorie.

Um den ersten Teil der hier vorgestellten ethischen Theorie mit Inhalt zu füllen, stellt sich nun die Frage, wie die Rechte ermittelt werden können, die jeder reflexionsfähige Mensch für sich in einem Sinne in Anspruch nimmt, dass er andere darauf verpflichtet, diese zu achten. Wie schon in der Einleitung gesagt, ist es schlechterdings nicht möglich, alle Menschen zu befragen. An dieser Stelle zeigt sich nun die Bedeutung des menschlichen genetischen Codes für die Ethik. Er stellt in dem für diese Arbeit relevanten Kontext die Invariante der Menschheit dar. Er bedingt eine nicht leere Schnittmenge der menschlichen moralischen Normen. In welchem Kulturkreis ein Mensch auch immer aufwächst und lebt, wo und wann immer und unter welchen sozioökonomischen Bedingungen er lebt, immer wird er auch moralische Normen aufstellen, die sein eigenes Leben sichern. Die Kernfrage lautet daher: Wie ist der Einfluss des genetischen Codes auf die Willens- und moralische Normenbildung des Menschen im obigen Sinne nachzuweisen?

Diese Frage beantwortet die Humanbiologie. Da die Gene den Bauplan und die Funktionsweise des menschlichen Körpers bestimmen[146], werden in einem ersten Schritt die für das menschliche Leben notwendigen Bedingungen, welche durch die menschliche Physiologie definiert werden, erläutert.

Nachdem dies geschehen ist, wird klar, warum aus diesen physiologischen Vorgängen auf den Willen der Menschen, auf die Rechte, die er selbst für sich in Anspruch nimmt, und somit im Sinne der ersten beiden Axiome auf verbindliche moralische Normen geschlossen werden kann.

4.1 Das Hungergefühl und die Notwendigkeit einer ausreichenden Nahrungsversorgung

Die Aufnahme von Nahrung ist eine notwendige Bedingung, um den menschlichen Stoffwechsel aufrechtzuerhalten. Da dieser auch im ruhenden Zustand Energie verbraucht, muss zum einen Nahrung aufgenommen werden, um aus dieser die dafür

---

[146] Vgl. Tom Strachan, Andrew P. Read: Molekulare Humangenetik, 2005, 3. Auflage, Spektrum Akademischer Verlag, S. 82 f.

benötigte Energie zu gewinnen, zum anderen aber auch um Körpersubstanz zu ersetzen, wie es zum Beispiel bei Darm- oder Magengewebe, Hautzellen, aber auch bei der Wundheilung der Fall ist. Der Grundumsatz, also jener Energiebedarf, welcher erforderlich ist, um im ruhenden Zustand nur den Zellstoffwechsel sowie die Herz- und Atemtätigkeit sicherzustellen, differiert je nach Klimazone,[147] lässt sich aber immer feststellen. Er beträgt im gemäßigten Klima pro Tag bei einem 1- bis 3-Jährigen 3000–3500 kJ (entsprechen 717–836 kcal), bei 5- bis 7-Jährigen 4000–4500 kJ (entsprechen 956–1075 kcal), bei 7- bis 10-Jährigen 5000–5500 kJ (entsprechen 1195–1314 kcal), bei 10- bis 12-Jährigen 6300–6800 kJ (entsprechen 1505–1625 kcal), bei über 12-Jährigen steigt dieser Energiebedarf auf 7500 kJ (entsprechen 1792 kcal) und verringert sich erst wieder im Greisenalter.[148] Über diesen Grundumsatz hinausgehend benötigt der Körper weitere Energie, ohne die er keine Arbeit im physikalischen Sinne verrichten könnte. Dieser zusätzliche Energiebedarf beträgt bei leichter körperlicher Arbeit 900 kJ/h (entsprechen 215 kcal/h), bei mittlerer 1200 kJ/h (entsprechend 287 kcal/h und bei schwerer körperlicher Arbeit 1800–2100 kJ/h (entsprechen 430–502 kcal/h).[149]

Wesentlich an diesen Zahlen ist der Punkt, dass sie, wenn es sein muss, auch für jedes Individuum objektiv bestimmbar sind. Dies verhindert ein Abdriften der hier vorgestellten ethischen Theorie in die Beliebigkeit und zeichnet sie in diesem Punkt vor einigen anderen aus.

Ein Verfahren, um den Energiebedarf eines Menschen zu bestimmen, besteht in der indirekten Kalorimetrie. Dieses Verfahren basiert auf der Tatsache, dass der menschliche Körper zur Energiegewinnung Sauerstoff verbraucht, sodass aus dem Sauerstoffverbrauch vereinfacht auf den Energieverbrauch eines Men-

---

[147] Vgl. Eberhard Betz, Klaus Reutter, Dieter Mecker, Horst Ritter: Biologie des Menschen, 2007, 15. Auflage, Nikol Verlag, S. 387.
[148] Vgl. ebd., S. 387.
[149] Vgl. ebd., S. 388.

schen geschlossen werden kann.[150] Die Energieproduktion pro verbrauchtem Liter Sauerstoff hängt vom zu oxidierenden Substrat ab, beträgt jedoch bei durchschnittlicher Kost 20,2 kJ/l.[151] Vereinfacht ergibt sich also:

$$E = k_1 * VO_2$$

Die Berechnung wird genauer, wenn neben dem Sauerstoffverbrauch auch die Kohlendioxid- und die Harnstoffproduktion berücksichtigt werden.[152] Es ergibt sich dann:

$$E = k_2 * VO_2 + k_3 * VCO_2 - k_4 * mN$$

Hierbei ist E der Energieverbrauch in kJ, k_1 = 20,2 kJ/l, k_2 = 15,9 kJ/l, VO_2 das Volumen des verbrauchten Sauerstoffs, k_3 = 5,2 kJ/l, VCO_2 das Volumen des produzierten Kohlendioxids, k_4 = 4,65 kJ/g, mN bezeichnet die Masse des produzierten Harnstoffs.[153]

Nun mag man einwenden, dass dieses Messverfahren nur in einer Messkammer durchgeführt werden kann und somit keinen Aufschluss über den Energieverbrauch unter Alltagsbedingungen liefert. Dies kann jedoch durch ein anderes Verfahren zur Bestimmung des Energieverbrauches, die Isotopendilution, geleistet werden.[154]

Dieses Verfahren basiert ebenfalls auf der indirekten Kalorimetrie, jedoch werden hier der Sauerstoffverbrauch sowie die Kohlendioxidproduktion anhand des Verhältnisses von Wasserstoff- und Sauerstoffisotopen im Urin berechnet, welche als doppelt markiertes Wasser ($^2H_2^{18}O$) oral aufgenommen wur-

---

[150] Vgl. Peter Deetjen, Erwin-Josef Speckmann, Jürgen Hescheler (Hrsg.): Physiologie, 2005, 4. Auflage, Urban & Fischer Verlag, S. 641 f.
[151] Vgl. ebd., S. 641 f.
[152] Vgl. ebd., S. 642.
[153] Vgl. ebd., S. 642.
[154] Vgl. ebd., S. 643.

den.¹⁵⁵ Bei diesem Messverfahren macht man sich zunutze, dass $^2H_2^{18}O$ über den Urin ausgeschieden wird, ^{18}O jedoch zusätzlich als $C^{18}O_2$ abgeatmet wird, wobei das Verhältnis von Kohlendioxidproduktion zu Sauerstoffverbrauch 0,85 beträgt.¹⁵⁶ Die für die Berechnung noch nötigen Harnstoffausscheidungen können ebenfalls im Urin festgestellt werden.

Über die Frage, wie viel Nahrung, also oxidierbares Substrat, ein Mensch zur Aufrechterhaltung seiner Körperfunktionen, auch in Abhängigkeit seiner individuellen körperlichen Belastung, benötigt, können keine Debatten geführt werden, somit ist der Beliebigkeit vorgebeugt.

Um aber vom Energiebedarf auf seinen Willen zu schließen, ist die Regulierung der Nahrungsaufnahme von Bedeutung. Hier nimmt der Hypothalamus eine zentrale Rolle ein. Er stellt die physiologische Basis für das Essverhalten dar.¹⁵⁷ Hungergefühle werden durch die Zuleitung von Leerkontraktionen des Magens an den Hypothalamus verursacht.¹⁵⁸ Ebenso detektieren Glucosesensoren in Leber, Magen, Dünndarm und Zwischenhirn eine verringerte Verfügbarkeit von Glucose. Diese ebenfalls an den Hypothalamus weitergeleiteten Informationen erzeugen ein Hungergefühl, welches erst endet, wenn die Glucosesensoren einen ausreichenden Anstieg des Glucosespiegels an den Hypothalamus melden, sodass der laterale Hypothalamus, welcher auch als Fresszentrum bezeichnet wird, in seiner Aktivität gehemmt wird, mit der Folge, dass die Aktivität des Sättigungszentrums im medialen Hypothalamus überwiegt.¹⁵⁹

Daher werden Menschen, obschon sie aufgrund unterschiedlicher kultureller Prägung, individuell unterschiedlicher Erziehung und Lebensbedingungen sehr verschiedene moralische Normen vertreten, doch immer fordern, die Möglichkeit der Nahrungsaufnahme zu haben, wenn sie Hunger verspüren. Somit wäre ein

---

[155] Vgl. ebd., S. 643.
[156] Vgl. ebd., S. 643.
[157] Vgl. Eberhard Betz, Klaus Reutter, Dieter Mecker, Horst Ritter: Biologie des Menschen, 2007, 15. Auflage, Nikol Verlag, S. 680 f.
[158] Vgl. ebd., S. 679.
[159] Vgl. ebd., S. 679.

Teil der Schnittmenge jener Rechte, welche alle reflexionsfähigen Menschen für sich in Anspruch nehmen, gefunden. Hiergegen könnte natürlich angeführt werden, der Wille, Nahrung aufzunehmen, sei nicht biologisch, sondern kulturell bedingt, das Resultat der Erziehung oder strategischer Entscheidungen und ist folglich nicht so universell, dass man behaupten könne, alle Menschen teilten diesen Willen. Dagegen spricht die Tatsache, dass der Wille zur Nahrungsaufnahme schon bei Neugeborenen sichtbar ist, folglich kommen kulturelle sowie erzieherische Einflüsse oder strategische Entscheidungen nicht infrage.

Es muss jedoch klar sein, dass es sich hierbei immer um eine Minimal-Moral handelt. Zwar werden alle Menschen angeben, dass sie bei einem auftretenden Hungergefühl die Möglichkeit haben wollen, dieses durch die Aufnahme von Nahrung beenden zu können. Keine Übereinstimmung wird jedoch über die Zusammensetzung der dazu notwendigen Nahrung erzielt werden. Hier dominieren kulturelle und erzieherische Einflüsse. Daher kann aus dieser ethischen Theorie keine bestimmte Ernährung Anspruch auf moralische Überlegenheit erheben. Der beweisbare und nicht beliebige moralische Anspruch besteht nur darin, dass die Menschen die Möglichkeit haben wollen, ein Hungergefühl durch Nahrungsaufnahme beenden zu können.

4.2 Das Durstgefühl und die Notwendigkeit einer ausreichenden Trinkwasserversorgung

Wasser, welches den Hauptbestandteil des menschlichen Körpers bildet, ist deshalb so unverzichtbar, da in ihm lebensnotwendige physikochemische Reaktionen stattfinden.[160] Mindestens einen Liter Wasser scheidet ein Mensch täglich über den Harn aus, um wasserlösliche Stoffwechselendprodukte wie überschüssige Sal-

---

[160] Vgl. Peter Deetjen, Erwin-Josef Speckmann, Jürgen Hescheler (Hrsg.), Physiologie, 2005, 4. Auflage, Urban & Fischer Verlag, S. 575.

ze, Harnsäure, Sulfate u.a. aus dem Körper abzuführen.[161] Einen weiteren Liter Wasser gibt der Mensch durch Verdunstung über die Haut, ausgeatmete Luft sowie über den Kot ab.[162] Somit summiert sich die minimale Wasserabgabe des Körpers auf etwa zwei Liter pro Tag. Abhängig von körperlicher Belastung und den Umgebungsbedingungen kann sich der Wasserbedarf über das genannte Minimum hinaus erhöhen.

Der Wasserhaushalt des menschlichen Körpers wird zum einen über die osmotischen Konzentrationen der Extrazellulärflüssigkeit (Zwischenzellraum und Blut), zum anderen über das venöse und arterielle Blutvolumen reguliert.[163]

Steigt die Osmolarität der Extrazellulärflüssigkeit, wird dies durch Osmoserezeptoren im Pfortaderbereich und im Hypothalamus registriert[164], mit der Folge einer steigenden Produktion des antidiuretischen Hormons (ADH) im Hypothalamus und dessen Absonderung durch den Hypophysenhinterlappen. Dies hat eine Drosselung der renalen Wasserausscheidung sowie eine, soweit möglich, Konservierung des Körperwassers zur Folge.[165] Gleichzeitig, und das ist der für diese Arbeit wesentliche Punkt, wird ein Durstgefühl (osmotischer Durst) ausgelöst, um die Wasseraufnahme zu steigern.[166]

Die Regulation des Wasserhaushalts durch Osmoserezeptoren funktioniert nicht, wenn sich Wasser- und Osmolytbestand proportional zueinander ändern. In diesem Fall wird der Wasserhaushalt durch Volumensensoren in der Wand der großen intrathorakalen Hohlvenen sowie in den Herzvorhöfen und durch Barosensoren im Aortenbogen sowie im Karotissinus reguliert.[167]

Dieser Regelmechanismus arbeitet natürlich bei einem Volumenüberschuss als auch bei einem Volumenmangel. Jedoch

---

[161] Vgl. ebd., S. 577.
[162] Vgl. ebd., S. 577.
[163] Vgl. ebd., S. 578 f.
[164] Vgl. ebd., S. 578.
[165] Vgl. ebd., S. 578 f.
[166] Vgl. ebd., S. 579.
[167] Vgl. ebd., S. 579.

ist für diese Arbeit nur der letzte Fall interessant. Bei einem Volumenverlust ab ca. 350 ml führt eine Hemmung der Volumen- und Barosensoren zu einer gesteigerten ADH-Produktion und -Sekretion sowie zu einer physischen Reaktion zwecks Volumenauffüllung – also zu Durst (hypovolämischer Durst).[168]

Durst entsteht jedoch nicht nur direkt durch Wassermangel, sondern auch indirekt durch einen Kochsalzmangel oder -überschuss in der extrazellulären Flüssigkeit. Kochsalzmangel zieht eine vermehrte Wasserausscheidung nach sich und somit ein geringes Blutvolumen. Um dieses wieder aufzufüllen und die Salzausscheidung zu reduzieren, wird das Hormon Angiotensin II gebildet.[169] Dieses induziert in der Nebennierenrinde die Produktion und Ausschüttung von Aldosteron, welches zum einen Na^+-konservierend wirkt, zum andern im Hypothalamus ein Durstgefühl (hypovolämischer Durst) sowie Salzappetit auslöst.[170] Kochsalzüberschuss führt zu einer gesteigerten Adiuretinausschüttung ins Blut, was zum einen eine erhöhte Rückresorption von Wasser in der Niere, zum anderen Durst zur Folge hat.[171] Als weitere Folge dessen nimmt das extrazelluläre Flüssigkeitsvolumen zu. Um dies zu normalisieren, wird die Aldosteronausschüttung gehemmt, wodurch vermehrt Kochsalze ausgeschieden werden.[172]

Durch diesen Regelmechanismus empfinden die Menschen Durst, unabhängig von Ethnie, Kulturkreis und anderem mehr. Jeder Mensch würde daher, wenn befragt, für sich das Recht in Anspruch nehmen, die Möglichkeit zu haben, Süßwasser aufzunehmen, wenn er Durst verspürt. Somit wurde ein weiterer Teil der Schnittmenge jener Rechte, welche alle Menschen für sich in Anspruch nehmen, gefunden.

---

[168] Vgl. ebd., S. 579 f.
[169] Vgl. Eberhard Betz, Klaus Reutter, Dieter Mecker, Horst Ritter: Biologie des Menschen, 2007, 15. Auflage, Nikol Verlag, S. 466.
[170] Vgl. Peter Deetjen, Erwin-Josef Speckmann, Jürgen Hescheler (Hrsg.): Physiologie, 2005, 4. Auflage, Urban & Fischer Verlag, S. 581.
[171] Vgl. Eberhard Betz, Klaus Reutter, Dieter Mecker, Horst Ritter: Biologie des Menschen, 2007, 15. Auflage, Nikol Verlag, S. 466.
[172] Vgl. ebd., S. 466.

4.3 Das Kälteempfinden und die Notwendigkeit von Wohnung und Bekleidung

Eine beheizbare Wohnung und eine der Witterung angepasste Bekleidung sind unabdingbar, um sicherzustellen, dass die Umgebungstemperatur des Menschen es seinem Temperaturregelsystem erlaubt, die Körpertemperatur innerhalb enger Grenzen konstant zu halten. Diese gleichbleibende Körpertemperatur stellt eine notwendige Bedingung dar, um die Funktion von wichtigen regulatorischen Systemen wie dem Herz-Kreislauf-System überhaupt erst zu ermöglichen. Sie beträgt im Körperkern (Schädel-, Brust- und Bauchhöhle) zwischen 36,4 °C und 37,4 °C.[173] Ohne Wohnung und Bekleidung kommt es unweigerlich zu einer Unterkühlung oder Überhitzung sowie zu Erfrierungen und Verbrennungen am Körper, denn ohne diese Schutzmaßnahmen ist ein Mensch nicht in der Lage, seine Körpertemperatur innerhalb der angegebenen Grenzen zu halten. Die Folge ist ein Organ- und Herz-Kreislauf-Versagen.

Der Sollwert für die Körperkern und -schalentemperatur wird vermutlich im Hypothalamus generiert.[174] Kälte- und Wärmerezeptoren in der Haut sowie im Körperkern, welche über afferente sensorische Nervenfasern mit dem Rückenmark und den Hypothalamus verbunden sind, erfassen die Ist-Temperatur der Haut und des Körperkerns.[175] Diese wird im präoptischen Areal des vorderen Hypothalamus mit dem Sollwert verglichen[176] und hängt unter anderem von Umgebungsbedingungen wie der Lufttemperatur, der relativen Luftfeuchtigkeit, der Windgeschwindigkeit sowie der mentalen und physischen Aktivität des Menschen ab.

Fällt der Ist-Wert unter den Soll-Wert, führt dies aufgrund einer entsprechenden Reaktion des autonomen Nervensys-

---

[173] Vgl. Peter Deetjen, Erwin-Josef Speckmann, Jürgen Hescheler (Hrsg.): Physiologie, 2005, 4. Auflage, Urban & Fischer Verlag, S. 670.
[174] Vgl. ebd., S. 681 f.
[175] Vgl. ebd., S. 681.
[176] Vgl. ebd., S. 681.

tems zu einer Vasokonstriktion der Haut- und Schalengefäße, zu Gänsehaut zwecks Verbreiterung der isolierenden Grenzschicht über der Haut sowie zu Wärmebildung durch Kältezittern.[177] Befindet sich der Ist-Wert oberhalb des Soll-Wertes, führt dies zu einer Dämpfung des motorischen Systems zwecks Vermeidung eines weiteren Anstiegs der Körpertemperatur sowie, um die Wärmeabgabe des Körpers zu steigern, zu einer Vasodilatation der Körperschale und einer Erhöhung der Schweißabgabe.[178]

Über diese Mechanismen hinaus ist es im Kontext dieser Arbeit besonders beachtenswert, dass auch die Änderung des Verhaltens bei einer deutlichen Abweichung zwischen Ist- und Soll-Wert im sensorischen Kortex codiert ist.[179] Bei deutlichem thermischem Diskomfort kommt es nicht nur zu den beschriebenen unwillkürlich ablaufenden Maßnahmen zur Aufrechterhaltung der Körperkerntemperatur, sondern darüber hinaus auch zu einer über den sensorischen Kortex vermittelten Änderung des Verhaltens, wie etwa dem Aufsuchen eines beheizten Raumes bei Kälte oder einer kühlen und schattigen Umgebung bei starker Sonneneinstrahlung.[180]

Es zeigt sich also, dass das beobachtbare Verhalten der Menschen bei Temperaturänderungen unabhängig von kulturellen, sozioökonomischen und ähnlichen Faktoren ist, sondern einzig durch die Funktionsweise des menschlichen Körpers begründet werden kann. Daher werden auch alle Menschen angeben, dass sie für sich das Recht in Anspruch nehmen, über alle Mittel verfügen zu können, die notwendig sind, um eine als angenehm empfundene Körpertemperatur sicherzustellen. Diese Tatsache muss daher innerhalb einer ethischen Theorie berücksichtigt werden, welche für sich in Anspruch nimmt, beweisbar in einem Sinne zu sein, dass sie nur Normen enthält, welche aus den Rechten erwachsen, die alle Menschen für sich in Anspruch nehmen.

[177] Vgl. ebd., S. 682.
[178] Vgl. ebd., S. 682.
[179] Vgl. ebd., S. 683.
[180] Vgl. ebd., S. 683.

4.4 Die Schmerzempfindlichkeit des Menschen

Die moralische Legitimation des Anspruchs auf körperliche Unversehrtheit und medizinische Versorgung leitet sich aus der Empfindlichkeit des Menschen gegenüber Schmerzen ab. Die International Association for the Study of Pain definiert Schmerz wie folgt: »An unpleasant sensory and emotional experience associated with actual or potential tissue damage, or described in terms of such damage.«[181] Tritt ein derartiger Zustand ein, aktivieren die durch diesen Zustand verursachten Reize Schmerzrezeptoren (Nociceptoren), welche sich als freie, d.h. nicht von korpuskulären Strukturen umgebene Nervenendigungen in jedem Gewebe außer im Gehirn befinden.[182] Die Schmerzrezeptoren reagieren sowohl auf mechanische als auch auf thermische und chemische Reize.[183] Werden sie einem solchen Reiz ausgesetzt, senden sie elektrische Impulse an das zentrale Nervensystem. Hierbei stehen sie in synaptischem Kontakt mit den sekundären Neuronen im Hinterhorn des Rückenmarks, welche ihrerseits z.B. über die spinothalamische Bahn in das Gehirn projizieren.[184] Für die Stimulation der Schmerzsensoren sind unter anderem chemische Stoffe wie Prostaglandine, Kinine oder Kaliumionen verantwortlich, welche durch Irritationen oder Schädigungen des Gewebes im Körper ausgeschüttet werden.[185]

Für die Schmerzwahrnehmung und Lokalisation sind nach Untersuchungen unter Verwendung der Positronenemissionstomographie »die Projektionen über den ventrobasalen Kern des Thalamus in die somatosensorischen kortikalen Projektionsfel-

---

[181] International Association for the Study of Pain, 1510 H Street NW, Suite 600, Washington, D. C. 20005–1020, USA, http://www.iasp-pain.org/Taxonomy?navItemNumber=576#Pain (Stand 2012) abgerufen am (19.11.2014).
[182] Vgl. Gerard J. Tortora, Brayn H. Derrickson: Anatomie und Physiologie, 2006, Wiley-VCH Verlag, S. 645.
[183] Vgl. ebd., S. 645.
[184] Vgl. Robert F. Schmidt (Hrsg.): Neuro- und Sinnesphysiologie, 1998, 3. Auflage, Springer Verlag, S. 255.
[185] Vgl. Gerard J. Tortora, Brayn H. Derrickson: Anatomie und Physiologie, 2006, Wiley-VCH Verlag, S. 645.

der wichtig.«[186] Die durch Schmerzen hervorgerufenen Aktivierungsreaktionen werden »durch Projektionen in die Formatio reticularis des Hirnstammes und durch retikuläre Projektionen zur Hirnrinde [...] vermittelt«[187]. Emotionale Reaktionen auf Schmerzen wie Angst, Unlustgefühle oder die Erinnerung an und die Vorwegnahme möglicher Schmerzen werden im medialen thalamokortikalen System erzeugt.[188]

Eine fixe Schwelle, ab der durch die Erregung der Schmerzsensoren Schmerz wahrgenommen wird, kann nicht angegeben werden, da die Erregungsschwelle der Schmerzrezeptoren nicht konstant ist. So aktivieren Stoffe wie Leukotriene oder bestimmte Prostaglandine, welche bei Entzündungen freigesetzt werden, inaktive Schmerzsensoren, was zu einer Senkung der Schmerzschwelle führt.[189]

Sieht man von den ganz wenigen Personen ab, welche wegen einer angeborenen Schmerzunempfindlichkeit keine Schmerzen empfinden[190], so tun dies aufgrund der beschriebenen und im menschlichen Genom codierten Funktionsweise des menschlichen Organismus alle Menschen. Da Schmerzen, wie schon gesagt, Zustände signalisieren, die Gewebe schädigen oder zu schädigen drohen, ist es die tatsächlich zu beobachtende Reaktion der Menschen, diesem Zustand zu entrinnen bzw. ihn zu vermeiden.

---

[186] Robert F. Schmidt (Hrsg.): Neuro- und Sinnesphysiologie, 1998, 3. Auflage, Springer Verlag, S. 256.

[187] Robert F. Schmidt (Hrsg.): Neuro- und Sinnesphysiologie, 1998, 3. Auflage, Springer Verlag, S. 256.

[188] Vgl. Robert F. Schmidt, Florian Lang (Hrsg.): Physiologie des Menschen: mit Pathophysiologie, 2007, 30. Auflage, Springer Verlag, S. 334.

[189] Vgl. Eberhard Betz, Klaus Reutter, Dieter Mecker, Horst Ritter: Biologie des Menschen, 2007, 15. Auflage, Nikol Verlag, S. 522.

[190] Es sind 67 gesicherte Fälle bekannt. Vergleiche hierzu ausführlich: Regine Witkowski, O. Prokop, E. Ullrich, G. Thiel: Lexikon der Syndrome und Fehlbildungen: Ursachen, Genetik, Risiken, 7. Auflage, 2003, Springer Verlag, S. 113.
Wie in der Einleitung beschrieben, sind solche Einschränkungen in einer empirischen Theorie unvermeidlich, ohne jedoch zwingend ihre Geltung zu untergraben.

Natürlich akzeptieren Menschen auch freiwillig Schmerzen, wie zum Beispiel beim Zahnarzt, wenn dies eine Möglichkeit ist, einem Zustand des andauernden Schmerzes zu entgehen – für die Bewertung von Schmerzen hat der Frontallappen der Hirnrinde eine große Bedeutung.[191] Wesentlich ist hier jedoch, dass es sich um eine freiwillige Inkaufnahme von Schmerzen mit dem Ziel handelt, diese langfristig zu minimieren. Es zeigt sich also, dass alle Menschen, bis auf die genannte Ausnahme, bestrebt sind, keine oder nur ein selbst gewähltes Minimum an Schmerzen zu verspüren. Somit wurde ein weiterer Bestandteil der Schnittmenge jener Rechte identifiziert, welche alle Menschen für sich in Anspruch nehmen.

Schmerzauslösende Zustände, welche von allen Menschen gemieden werden, können unterschiedlicher Natur sein. Zum einen sind dies durch andere Menschen hervorgerufene Gewalteinwirkungen am menschlichen Körper, also die Verletzung der körperlichen Unversehrtheit. Zum anderen sind dies auch schmerzhafte Erkrankungen, welche verschiedenste Ursachen haben können. Wesentlich in diesem Zusammenhang ist es, darauf hinzuweisen, dass auch von Menschen verursachte Umweltbelastungen zu solchen Erkrankungen führen, auch wenn diese Umweltbelastungen in der Aneinanderreihung singulärer Momente keine Schmerzen verursachen.

Da der Zustand der Schmerzfreiheit nur bei körperlicher Unversehrtheit und im Hinblick auf die im Laufe eines Lebens unvermeidlich auftretenden schmerzhaften Erkrankungen und Verletzungen nur durch medizinische Versorgung gewährleistet werden kann, muss es im Sinne der beiden Axiome als bewiesenes moralisches Recht eines Menschen anerkannt werden, bei schmerzhaften Erkrankungen und Verletzungen sowohl medizinisch versorgt zu werden als auch keiner Gewalt durch andere Menschen ausgesetzt zu sein.

Wenn bisher der Terminus »schmerzhafte Erkrankung« ver-

---

[191] Vgl. Robert F. Schmidt (Hrsg.): Neuro- und Sinnesphysiologie, 1998, 3. Auflage, Springer Verlag, S. 256.

wendet wurde, so hat dies seinen Grund. Hier zeigt sich der minimal-moralische Charakter der hier vorgeschlagenen ethischen Theorie. Es gibt eine Reihe nicht schmerzhafter Erkrankungen oder auch schmerzfreier angeborener Behinderungen, die medizinisch behandelt werden. Persönlich halte ich dies für richtig und eine solche Behandlung ist kaum[192] moralisch zu tadeln. Nur ist es schwierig zu beweisen, dass die Unterlassung einer solchen Behandlung moralisch verwerflich ist. Dann müsste, wie für schmerzhafte Erkrankungen geschehen, nachgewiesen werden, dass alle Menschen eine solche Behandlung für sich in Anspruch nehmen würden, und nicht nur die bloße Vermutung aufgestellt werden, dass dem so sei. Eine solche Vermutung würde sich entweder auf die Extrapolation rein persönlicher Ansprüche stützen oder aber auf die Befragung einer Stichprobe von Menschen, die groß genug ist, um eine Hypothese für knapp sieben Milliarden Menschen zu ermöglichen. Eine solche Stichprobe und die dazugehörige Hypothese, die ein sehr hohes Signifikanzniveau aufweisen müsste, um mit der hier angewandten Methode vergleichbar zu sein, existieren aber nicht. Ein Beweis wäre erst dann erbracht, wenn indirekt über das Humangenom nachgewiesen werden könnte, dass der Wille zur Behandlung schmerzfreier Erkrankungen bei nahezu allen Menschen besteht. Hierzu konnte aber zumindest der Autor keine Quelle finden, aus der dieser Schluss gezogen werden kann. Dies ist lediglich mittels der beschriebenen Funktionsweise des menschlichen Körpers für schmerzhafte Erkrankungen möglich. Eine schmerzfreie Erkrankung, die für einen Menschen unbedingter Behandlung bedarf, ist für den anderen ein nicht behandlungsbedürftiger normaler Alterungsprozess oder im Falle einer schmerzfreien Behinderung das unabänderliche Schicksal seiner Geburt.

Auch ist zu beachten, dass die Definition des Begriffes Krankheit für sich genommen auf Prämissen und Anschauungen beruht, die nicht unbedingt interkulturell geteilt werden

---

[192] Dies ist nur der Fall, wenn die Behandlung schmerzfreier Erkrankungen Ressourcen bindet, die für die Behandlung schmerzhafter Erkrankungen nötig sind.

müssen. So herrscht in den westlichen Industrienationen ein Krankheitsbegriff vor, der alles umfasst, was die körperliche und wirtschaftliche Leistungsfähigkeit bis ins hohe Alter hinein schmälert. Ein schönes Beispiel hierfür ist die Entstehung oder Erfindung der »Krankheit« ADHS. Es wurde einfach eine Norm für »normales Verhalten« definiert. Kinder, deren Betragen außerhalb dieser Norm liegt, obwohl ihr Verhalten Teil einer ganz normalen Variationsbreite innerhalb einer großen Population darstellt, wurden einfach als krank und mit Psychopharmaka behandlungsbedürftig erklärt. In anderen Kulturkreisen ist eine solche Erkrankung völlig unbekannt. Cholera jedoch kennen alle Kulturen. Nur durch die Aufnahme des Begriffes »schmerzhaft« in eine Definition des Begriffes »Krankheit« kann diese Definition die notwendige Bedingung erfüllen, um als interkulturell und intersubjektiv zu gelten.

Natürlich lässt sich anführen, dass eine medizinische Behandlung, welche an den Ursachen eines Schmerzes ansetzt, gemäß der hier vorgeschlagenen ethischen Theorie auch durch die Verabreichung von Schmerzmitteln ersetzt werden kann, solange diese nur den Schmerz mit Sicherheit ausschalten. Dieses Argument ist nicht von der Hand zu weisen, jedoch ist eine Fallunterscheidung vorzunehmen. Ist ein Patient, der unter Schmerzen leidet, in der Lage, eine solche Therapie, in welcher Form auch immer, abzulehnen, kann sie ihm nicht aufgezwungen werden. Dies wäre nur mit Gewalt möglich, würde also die körperliche Unversehrtheit eines solchen Menschen verletzen. Es bleibt in diesem Fall dem Patienten überlassen, ob er eine Behandlung der Ursachen oder der Symptome wünscht. Das Recht auf medizinische Behandlung schmerzhafter Erkrankungen besteht immer und ist unabhängig von der möglichen Ablehnung einer von mehreren Alternativen zur Schmerzbeseitigung durch den Patienten.

Es gibt aber auch Menschen, die z.B. aufgrund ihres hohen Alters in Verbindung mit fortgeschrittener Demenz eine solche Wahl nicht mehr treffen können – also Patienten, die keinerlei Präferenz bezüglich der Alternativen zur Schmerzbeseitigung haben. In diesem Fall ist es durchaus nicht moralisch zu verurteilen, bei diesen Menschen den Zustand der Schmerzfreiheit ausschließlich durch die Verwendung von Schmerzmitteln herzustellen.

4.5 Folgerungen

Es ist nun an der Zeit, die bisher zum Teil isoliert dargestellten Argumente der Theorie des genetischen Codes als Invariante menschlicher Moral zu einem Ganzen zusammenzufügen. Erinnern wir uns an die Axiome, auf denen diese Theorie beruht.

Nur die moralischen Normen sind gültig und für jeden bindend, die aus den Rechten erwachsen, welche alle reflexionsfähigen Menschen für sich in Anspruch nehmen.

Wahr ist ein Satz dann und nur dann, wenn er mit den Tatsachen, die er beschreibt, übereinstimmt.

Es ist nicht gestattet, einen Menschen, der nichts Unmoralisches getan hat, in seiner großräumigen Bewegungsfreiheit einzuschränken.

Beginnen wir mit dem ersten Axiom. Dieses setzt voraus, dass eine Menge von Rechten, ausgedrückt als moralische Forderungen an andere, existiert, die alle reflexionsfähigen Menschen für sich in Anspruch nehmen, ohne aber den Inhalt dieser Schnittmenge konkret zu benennen. Es schließt allerdings radikal egoistische bzw. opportunistische Forderungen aus. Eine solche wäre zum Beispiel die Forderung, über andere gegen deren Willen zu herrschen, da nachweisbar nicht alle reflexionsfähigen Menschen dieses Recht für sich in Anspruch nehmen. Einen Teil der Antwort liefert das erste Axiom somit schon.

Es stellt sich aber immer noch die Frage nach dem genauen Inhalt jener moralischen Normen, welche aus den Rechten erwachsen, die alle reflexionsfähigen Menschen für sich in Anspruch nehmen. Hier kann man natürlich damit beginnen, jeden einzelnen reflexionsfähigen Menschen zu fragen, welche Rechte er für sich in Anspruch nimmt, um dann die daraus resultierenden Normen abzuleiten. Dieses Vorgehen ist natürlich praktisch unmöglich. Es ist also nach einem anderen Weg zu suchen, der im Sinne des ersten Axioms zum einen die Forderung erfüllt, eine Aussage über den Inhalt der Rechte zu machen, die jeder reflexionsfähige Mensch für sich in Anspruch nimmt, und zum anderen es ermöglicht, diese Erkenntnisse mit Sicherheit auch als für alle anderen reflexionsfähigen Menschen gültig zu erklären.

Einen solchen Weg bietet die Humanbiologie. Die Analyse der durch den genetischen Code bedingten Funktionsweise des menschlichen Körpers erlaubt es, eine Aussage über die durch ihn definierten lebensnotwendigen Bedingungen zu treffen sowie festzustellen, dass diese von allen Menschen geteilt werden.

Diese durch die menschliche Biologie definierten lebensnotwendigen Bedingungen und physiologischen Eigenschaften sind:

Jeder Mensch verspürt Hunger, wenn ein zu geringer Glucosespiegel detektiert wird oder eine Leerkontraktion des Magens stattfindet. Diese beiden Ereignisse führen zur Entstehung eines Hungergefühls im Hypothalamus.

Jeder Mensch verspürt Durst, wenn die osmotischen Konzentrationen in der Extrazellulärflüssigkeit oder das venöse und arterielle Blutvolumen bestimmte Toleranzen verlassen.

Jeder Mensch verspürt thermischen Diskomfort, wenn die Körpertemperatur vom im Hypothalamus generierten Soll-Wert abweicht.

Jeder[193] Mensch verspürt Schmerzen, wenn seine Schmerzsensoren durch chemische Stoffe wie z. B. Prostaglandine, Kinine oder Kaliumionen stimuliert werden, wie es bei Irritationen oder Schädigungen von Gewebe der Fall ist.

---

[193] Auf die im Vergleich zur Weltbevölkerung verschwindende Zahl von Menschen, die aufgrund einer angeborenen Schmerzunempfindlichkeit keine Schmerzen empfinden, wurde bereits eingegangen.

Diese Funktionsweisen des Körpers sind bei allen Menschen vermittels des genetischen Codes unabhängig von Religion, Ethnie, sozialem und kulturellem Umfeld gleich. Sie stellen die Invariante der menschlichen Willensbildung dar. Dieser über den Metabolismus wirkende Einfluss des genetischen Codes auf ihren Willen erlaubt die Feststellung, dass jeder reflexionsfähige Mensch für sich das Recht auf

- ausreichende Nahrungsversorgung,
- ausreichende Trinkwasserversorgung,
- Wohnung und Bekleidung,
- Schmerzfreiheit und medizinische Versorgung bei schmerzhaften Erkrankungen

einfordert.

Somit wurde das erste Axiom mit einem konkreten Inhalt gefüllt.

An dieser Stelle soll darauf verzichtet werden, spezifischere Angaben über den Bedarf an Nahrung, Trinkwasser und Wärme zu nennen. Eine solche Aufstellung würde im Rahmen dieser Arbeit stets unvollständig bleiben. Viel wesentlicher ist es, darauf hinzuweisen, dass eine solche Aufstellung prinzipiell möglich ist. Hinsichtlich des Nahrungsbedarfs stellen die Isotopendilution und die Kalorimetrie geeignete Verfahren dar, um im Zweifelsfall zu bestimmen, wie viel Nahrung ein bestimmtes Individuum oder bestimmte Klassen von Individuen bedürfen. Gleiches gilt auch für die Trinkwasserversorgung. Der minimale Bedarf ist bekannt und die Flüssigkeitsabgabe eines menschlichen Körpers ist relativ leicht messbar. Analog verhält es sich in Bezug auf die Körpertemperatur des Menschen und seinen daraus ableitbaren Anspruch auf Kleidung und ein beheizbares Obdach. Dies wiederum bedeutet, dass die Frage, ob jemand hungert, durstet oder friert, eindeutig und eben nicht beliebig beantwortbar ist. Lediglich bei einigen, nicht durch äußere Einwirkungen bedingten Schmerzen ist es schwer zu beurteilen, ob ein Schmerz tatsächlich vorliegt. Hier gibt es aber keinen Grund, eine Falschaussage anzunehmen, da die Menschen kein Bedürfnis nach Röntgenbildern, Kathetern, nicht nebenwirkungsfreien, kostenpflichtigen Medikamenten,

Praxisgebühren, Operationen auf Verdacht und dergleichen mehr haben.

Es zeigt sich also, dass der genetische Code durch die Programmierung der funktionalen Verfasstheit der menschlichen Physis direkten Einfluss auf den menschlichen Willen hat und diesen teilweise bestimmt. Somit wurde gezeigt und nachgewiesen, welche Rechte alle Menschen für sich in Anspruch nehmen.

Dies führt uns zum zweiten Axiom. Die in diesem Kapitel ausgeführten und eben nochmals zusammengefassten Aussagen über die Funktionsweise des menschlichen Körpers sind wahre Sätze, denn sie stimmen mit den Tatsachen, die sie beschreiben, überein. Und sie gelten nicht nur für einzelne Individuen, sondern für alle reflexionsfähigen Menschen mit Ausnahme der statistisch gegen Null tendierenden Gruppe derer, die keine Schmerzen empfinden. Es ist also eine Tatsache, dass jeder reflexionsfähige Mensch unter bestimmten Bedingungen hungrig oder durstig ist, friert und Schmerzen empfindet. Daher wird jeder dieser Menschen auch eine ausreichende Nahrungs- und Trinkwasserversorgung, eine beheizbare Wohnung und Bekleidung sowie körperliche Unversehrtheit und medizinische Versorgung bei schmerzhaften Erkrankungen einfordern. Dieser Schluss kann als bewiesen gelten, wenn er im Sinne des zweiten Axioms erfolgreich geprüft wurde.[194]

Es wird sich dabei zeigen, dass diese Rechte, die jeder Mensch für sich einfordert, kultur- und zeitinvariant sind. Aus dieser nicht leeren Schnittmenge an Rechten, die alle reflexionsfähigen Menschen aufgrund ihres genetischen Codes für sich in Anspruch nehmen, erwachsen, begründet durch das erste Axi-

---

[194] Im Gegensatz dazu kann eben nicht geprüft und somit auch nicht falsifiziert werden, was wir als rein intelligible Wesen wollen würden, was das Glück der Gemeinschaft dauerhaft vermehrt, oder für welche Entscheidungsregel sich die Menschen hinter dem Schleier des Nichtwissens tatsächlich entscheiden würden. In diesen und ähnlichen ethischen Theorien werden immer nur mehr oder weniger gut begründete Vermutungen aufgestellt.

om, folgende für alle[195] Menschen verbindlich geltenden moralischen Normen:
Jedem Menschen ist
- ausreichende Nahrungsversorgung,
- ausreichende Trinkwasserversorgung,
- eine beheizbare Wohnung und Bekleidung sowie
- Schmerzfreiheit und medizinische Versorgung bei schmerzhaften Erkrankungen

zu gewähren.

Diese Normen ergeben sich aus der, wie schon gesagt, axiomatischen Überführung der Rechte, die jeder einzelne reflexionsfähige Mensch für sich in Anspruch nimmt, in Rechte, die allen Menschen zuzugestehen und entsprechend zu achten sind.

Negativ ausgedrückt bedeutet dies, dass jede Handlung zu bestrafen[196] ist, die dazu führt, dass ein Mensch hungert, durstet, friert oder unfreiwillig Schmerzen erleidet. Positiv ausgedrückt fordert die Theorie des genetischen Codes als Invariante menschlicher Moral jeden Menschen dazu auf, alles ihm Mögliche zu tun, um Vorgenanntes zu verhindern.

Akzeptiert man das erste Axiom als Beweisgrundlage für den moralischen Wahrheitsgehalt einer ethischen Theorie und das zweite Axiom, um den Begriff »wahr« in Bezug auf Sätze zu definieren, muss man die eben hergeleiteten Sätze als verbindliche moralische Normen anerkennen.

Natürlich muss man das erste Axiom nicht billigen und kann ebenso die Axiome der in Kapitel drei dargestellten ethischen Theorien als Beweisgrundlage akzeptieren. In ihrem axiomatischen Charakter unterscheiden sich diese Beweisgrundlagen nicht. Nur lassen sich die Sätze, welche aus Axiomen der in Kapitel drei dargestellten ethischen Theorien abgeleitet wurden,

---

[195] Entsprechend dem ersten Axiom gelten diese Normen und die aus ihnen resultierenden Rechte und Pflichten für alle Menschen unabhängig davon, dass zu ihrer Auffindung nur auf reflexionsfähige Menschen Bezug genommen wurde. Vgl. Fußnote drei auf S. 12.

[196] Die Bestrafung muss natürlich ebenfalls den genannten Normen genügen. Körperliche Züchtigung als Bestrafung scheidet somit aus.

und die entsprechenden moralischen Normen nicht falsifizieren. Der Anwender ist hinsichtlich der moralischen Bewertung einer Handlung genauso klug wie zuvor.

Genau hier liegt der entscheidende Vorteil der Theorie des genetischen Codes als Invariante der menschlichen Moral. Dadurch, dass sich das erste Axiom auf den tatsächlich existierenden Menschen, also auf eine beobachtbare Tatsache bezieht, sind die eben genannten Normen dieser ethischen Theorie gemäß dem zweiten Axiom falsifizierbar. Dem Anwender steht es hier nicht frei, je nach persönlicher Weltanschauung einen physischen Angriff auf einen friedfertigen Menschen zu verurteilen oder ihn als Ausdruck seines intelligiblen Wollens zu legitimieren oder aber zu behaupten, dieser Angriff vermehre das Glück der Gemeinschaft dauerhaft. Durch die Wahl der Axiome innerhalb der Theorie des genetischen Codes als Invariante der menschlichen Moral ist ein solcher Angriff immer zu verurteilen.[197]

---

[197] Zu unterscheiden hiervon ist die Verteidigung gegen einen solchen Angriff. Diese ist moralisch dann nicht zu verurteilen, wenn sie ausschließlich zur Beendigung eines konkreten unmittelbar stattfindenden physischen Angriffs eingesetzt wird. Hierdurch wird das Recht der beteiligten Parteien auf Schmerzfreiheit in höchstmöglichem Maße gesichert: aufseiten des Angegriffenen durch die Möglichkeit der Vertreibung des Angreifers, auf Seiten des Angreifers dadurch, dass, sollte er unterliegen, damit sein physischer Angriff beendet ist und der siegreiche Verteidiger dann keine moralische Legitimation besitzt, nun seinerseits die hergeleiteten Rechte des ehemaligen Angreifers zu verletzen. Somit ist der Begriff »höchstmöglich« in diesem Zusammenhang definiert. Eine Bestrafung kann also nur durch Freiheitsentzug erfolgen.
Auch wenn es nicht sofort ins Auge fällt, geht die Theorie des genetischen Codes als Invariante der menschlichen Moral an diesem Punkt einen in philosophischer Hinsicht gewagten und ambitionierten Schritt. Denn bis dato wurde nur gezeigt, wie sich die Menschen Verhalten *sollen*. Es ist vollkommen legitim, eine ethische Theorie auf diesem Stand zu belassen, wie es meiner sehr bescheidenen Meinung nach u. a. Rawls getan hat. Auch dann kann durch eine gute Theorie, zu der ich Rawls' trotz der genannten Kritik zähle, die dieses *Sollen* zu begründen sucht, schon viel gewonnen werden. Geht man aber über die Begründung eines *Sollens*, wie bisher geschehen,

Das dritte Axiom sichert, dass sich die potenziellen Folgen der Theorie des genetischen Codes als Invariante menschlicher Moral auch realisieren lassen. Zum einen verhindert es, dass Menschen in einer bestimmten Weise bestraft werden, obwohl sie sich an die genannten Normen, welche das Moralische definieren, halten, da sich ein Recht auf großräumige Bewegungsfreiheit nicht unmittelbar aus diesen Normen ergibt. Zum anderen ermöglicht es, diejenigen zu bestrafen, die gegen die hergeleiteten Normen verstoßen. Als Mittel des Strafvollzuges gegenüber solchen Menschen ist entsprechend den genannten Normen nur der Arrest zulässig.

Nun mag man einwenden, dass diese ethische Theorie einem

hinaus und widmet sich dem tatsächlichen Verhalten der Menschen, muss man sich sofort mit Paradoxa, ähnlich dem der Freiheit oder dem der Toleranz, auseinandersetzen – Paradoxa, die eine ethische Theorie immer fehlerhaft erscheinen lassen, jedoch einer Lösung bedürfen. In unserem Fall lautet das Paradox wie folgt: Greift ein Mensch tatsächlich einen anderen an, darf dieser sich dann verteidigen, wenn er nicht fliehen kann. Verneinen wir dies, müssen wir uns den Vorwurf gefallen lassen, wir bringen den Angegriffenen um sein Recht auf Schmerzfreiheit. Bejahen wir, sehen wir uns dem Vorwurf ausgesetzt, wir bringen den Angreifer um sein Recht auf Schmerzfreiheit. Wie wir auch antworten, wir kommen immer in Schwierigkeiten. Der Grund dieser Paradoxa liegt weniger in einer ethischen Theorie an sich als vielmehr in der Sprache selbst, so dass eine Lösung darin besteht, Sprachsysteme zu entwickeln, in denen sie nicht mehr auftreten (vgl. Karl R. Popper: Die offene Gesellschaft und ihre Feinde 2, 1992, 7. Auflage, Verlag Mohr Siebeck, S. 437). Solche Sprachsysteme bieten aber nicht die Möglichkeit, eine angemessene Beschreibung des menschlichen Lebens zu codieren, kommen also hier als Lösung nicht in Betracht. Die Lösung oder eher ein Ausweichen vor unserem Paradox liegt darin einzusehen, dass es nicht Schmerzfreiheit für beide geben kann und es daher das Ziel sein muss, das Recht auf Schmerzfreiheit für beide im höchstmöglichen Maße sicherzustellen, indem wie geschehen eine für dieses Vorhaben geeignete falsifizierbare Definition des Begriffes »höchstmöglich« gegeben werden muss. Dieses höchstmögliche Maß ist also dann und nur dann gewährleistet, wenn eine physische Verteidigung ausschließlich zur Beendigung eines konkreten und unmittelbar stattfindenden physischen Angriffs eingesetzt wird.

Sein-Sollen oder einem naturalistischen Fehlschluss unterliege. Diese Aussage nimmt irrtümlich an, dass der genetische Code des Menschen das Fundament für die hier entwickelte ethische Theorie bildet. Dies ist jedoch nicht der Fall. Wäre dies so, wäre eine solche Theorie nicht widerspruchsfrei, wenn, wie man annehmen kann, auch antisoziale, egoistische und ähnliche Handlungsmotivationen in ihm codiert sind. Würde der genetische Code als Grundlage einer ethischen Theorie dienen, müsste erklärt werden, warum bestimmte seiner Eigenschaften in diese Theorie einfließen, aber andere nicht. Die Heranziehung des genetischen Codes in der vorliegenden Theorie dient nur gemäß der ersten axiomatischen Setzung zur Identifikation derjenigen Rechte, die jeder reflexionsfähige Mensch für sich in Anspruch nimmt.

Die Grundlage dieser ethischen Theorie sind die ersten beiden Axiome. Diese stellen jedoch normative Aussagen dar, welche der Beschreibung des menschlichen Seins auf Basis des genetischen Codes zur Seite gestellt werden, so dass kein Sein-Sollen Fehlschluss vorliegt. Aus dem Zusammenwirken der Beschreibung des Seins mit dem ersten beiden Axiomen lassen sich die hergeleiteten Rechte folgern. Die Ausführungen zur biologischen Funktionsweise des Menschen dienen nur dazu, beweisen zu können, worin das Wollen der Menschen besteht. Es wird also nicht vom Sein auf das Sollen geschlossen, sondern vom Wollen auf das Sollen. In diesem Punkt kann eine Parallele zu Kants GMS gezogen werden. Auch hier folgt das Sollen aus dem Wollen,[198] nur das zum einen dieser Schluss in der Theorie des genetischen Codes als Invariante der menschlichen Moral ein explizit axiomatischer ist. Es wird nicht der hoffnungslose Versuch unternommen, diesen als in irgendeiner Weise naturgegeben wahr darzustellen. Zum anderen ist hier die Grundlage der Auffindung dessen, was dieses Wollen konstituiert, Kants Auf-

---

[198] »Für Kant umfaßt der Versuch, die Geltung des Sittengesetzes zu beweisen, also den Nachweis, daß das Gesollte immer auch das Gewollte ist.« Dieter Schönecker, Allen W. Wood, Kants »Grundlegung zur Metaphysik der Sitten«, 2007, 3. Auflage, Verlag Ferdinand Schöningh, Paderborn, S. 204

fassung diametral entgegengesetzt. Es wird in der hier vertretenden Theorie, um in Kants Termini zu sprechen, nicht auf den Menschen als Mitglied der Verstandeswelt Bezug genommen, sondern verbunden mit dem genannten Vorteil hinsichtlich der Beliebigkeit auf den Menschen als Mitglied der Sinnenwelt.

Lehnt man die Beistellung einer normativen Aussage zu einer Beschreibung des menschlichen Seins als Lösung des Problems des Sein - Sollen Fehlschlusses ab, folgt aus diesem Argument die absurde Situation, dass wir sämtliche ethische Normen, die uns ja auch im täglichen Leben z.B. in Form von Gesetzen umgeben, ohne Rückgriff auf das empirische Sein des Menschen formulieren müssten. Vorschriften zum Arbeitsschutz wären dann nicht mehr möglich, da bei ihnen ja aus dem Sein, der Verletzlichkeit des Menschen, das Sollen folgt. Man stelle sich vor, dass der Inhaber einer Gerüstbaufirma dem Arbeitsschutzinspektor in Hinblick auf dessen Mängelrüge entgegnet, er begehe einen Sein – Sollen Fehlschluss und somit können die fehlenden Absturzsicherungen nicht beanstandet werden. Es gibt zwar einige ethische Theorien die versuchen ethische Normen ohne Rückgriff auf das menschliche Seinen zu entwickeln, aber auch sie kommen nicht ohne die versteckte Bezugnahme auf jenes aus und sei es nur das sie eine bestimmte Entscheidungsrationalität annehmen.

Gegen die hier vorgebrachte ethische Theorie könnte ebenfalls eingewendet werden, dass Hungerstreikende das Recht auf die Versorgung mit Nahrungsmitteln nicht für sich in Anspruch nehmen. Dazu lässt sich sagen, dass der zeitweise Verzicht auf die Ausübung eines Rechts nicht gleichbedeutend mit der Aufgabe desselben ist. So wird sich auch ein Hungerstreikender stets vorbehalten, Nahrung aufnehmen zu können, wenn er dies will oder wenn seine Forderungen erfüllt werden – ebenso wie ein Bürger, der zeitweise auf die Ausübung seines Wahlrechts verzichtet, damit aber nicht sein Einverständnis zur Abschaffung der Demokratie gibt.

5 Auswirkungen auf Gesellschaft und Strafrecht

Grundsätzlich gilt, dass im Rahmen der hier vertretenen ethischen Theorie alle Handlungen, welche die hergeleiteten Rechte nicht verletzen, legitim und somit nicht sanktionierbar sind. Auf das weite Feld gesellschaftlicher[199] Normen angewandt, bedeutet dies, dass fast alles erlaubt ist. Moralische Theorien im weitesten Sinne bilden fast ausnahmslos die Grundlage für Strafrechtssysteme. Daher lohnt die Untersuchung der Frage, wie ein Strafrechtssystem beschaffen sein würde, das sich auf die Theorie des genetischen Codes als Invariante menschlicher Moral gründet.

Gegenwärtig werden, auch in den Demokratien, zwei Typen von Strafrechtssystemen angewendet. Eines, das im Strafvollzug die hergeleiteten Rechte auch jenen zubilligt, die gegen diese verstoßen haben, und solche, die dies nicht tun. Da Letztere aber ohnehin gegen die Theorie des genetischen Codes als Invariante menschlicher Moral verstoßen, bleiben nur jene Strafrechtssysteme als Referenz für die folgenden Ausführungen, deren Sanktionsmöglichkeiten im Wesentlichen Haftstrafen, Geldstrafen, die Verpflichtung zu gemeinnütziger Arbeit sowie Entschädigungsleistungen umfassen. Es stellt sich somit die Frage, welche Tatbestände auf Grundlage der hier erarbeiteten ethischen Theorie im Vergleich zur z. B. deutschen Strafgesetzgebung überhaupt strafwürdig sind. Dies sowie die Konsequenzen daraus sollen nun anhand verschiedener Beispiele erläutert werden.

5.1 Diebstahl und Lüge

Wenden wir uns zu Beginn dem Problem des Diebstahls zu. Entsprechend der hier entwickelten Theorie ist Diebstahl nur dann unmoralisch und somit strafwürdig, wenn er die hergeleiteten Rechte verletzt – also beispielsweise mit Körperverletzung einhergeht oder es dem Opfer unmöglich macht, jetzt oder zukünftig Nahrungsmittel zu erwerben, eine beheizbare Wohnung zu

---

[199] Gemeint sind hier Sekundärtugenden wie Höflichkeit, Pünktlichkeit, Ordnung und Ähnliches.

bezahlen sowie medizinische Versorgung in Anspruch zu nehmen. Werden diese Rechte durch eine entsprechend organisierte Gesellschaft gesichert, darf diese dann nicht bestohlen werden, wenn dies ihre Fähigkeit zur Sicherung solcher sozialen Dienste einschränkt. Diebstahl, der die hergeleiteten Rechte nicht verletzt, ist im Rahmen der hier erarbeiteten ethischen Theorie jedoch untadelig und somit auch nicht strafwürdig.

Es stellt sich nun natürlich die Frage, bis zu welcher Höhe Einkommen bzw. der Besitz von Geld und Gütern zwecks individueller Sicherung der hergeleiteten Rechte vor straffreiem Diebstahl geschützt ist.

Geschützt sind natürlich finanzielle Mittel, welche zum Erwerb von Nahrungsmitteln benötigt werden, die in Menge und Qualität der Sicherung der hergeleiteten Rechte genügen. Ebenso finanzielle Mittel, welche zur Bezahlung von Wohnraum benötigt werden, welcher hinsichtlich seiner Größe und Ausstattung mit beispielsweise Sanitäranlagen der Sicherung der hergeleiteten Rechte genügt. Als Bezugsrahmen hinsichtlich der Größe würde ich 35 bis 50 qm pro Person vorschlagen. Eine vierköpfige Familie könnte also auf bis zu 200 qm Wohnraum leben, was als vollkommen ausreichend bezeichnet werden muss. Auch finanzielle Mittel zur Erlangung einer medizinischen Behandlung sind ebenso vor straffreiem Diebstahl geschützt wie jegliche Form von Vermögen, welches zur Sicherung der Altersvorsorge dient. Die Höhe des Letzteren ist in Summe über alle Vermögensformen aber begrenzt, abhängig vom Alter einer Person und der Frage, ob diese noch erwerbstätig ist oder nicht. Ist sie nicht mehr erwerbstätig, ist die Summe an Vermögenswerten geschützt, welche benötigt wird, um vorgenannte Kosten bis zum Lebensende zu decken. Ist sie noch erwerbstätig, ist die Höhe begrenzt auf den Betrag, der nötig ist, um die vorgenannten Kosten bei sofortiger Erwerbsunfähigkeit bis zum Lebensende zu decken.

Schlussendlich sind auch alle Vermögenswerte geschützt, welche notwendig sind, um das Einkommen zu erwirtschaften, welches zur Deckung der genannten Kosten notwendig ist. Das kann das Auto sein, mit dem man zur Arbeit fährt, ebenso wie es die Geldmittel sein können, welche benötigt werden, um sich oder seinen Kindern eine gute Bildung und Ausbildung zu ermöglichen.

Eine Formel für einen solchen Betrag ist in Teilen natürlich immer etwas subjektiv und das aus ihr folgende Ergebnis abhängig von den Lebenshaltungskosten und den sozialen Sicherungssystemen innerhalb eines Landes oder einer Region. Im Falle Deutschlands, eines Landes mit fast kostenfreier Bildung und Sozialversicherungssystemen, welche zumindest vor absoluter Armut und den finanziellen Folgen der ärgsten Unbillen des Lebens schützen, kann ein Betrag von 200.000 Euro als Ergebnis angenommen werden. Ich denke, niemand wird ernstlich behaupten, dass in Deutschland mehr notwendig ist, um unter Berücksichtigung von Ansprüchen gegenüber Renten- und Sozialversicherungen, die in diesem Ergebnis nicht inkludiert sind[200], ein Leben gemäß den hergeleiteten Rechten zu führen. Ansprüche gegenüber Renten- und Sozialversicherungen bis zu einer Höhe von circa 1800 Euro monatlich sind ebenfalls vor Diebstahl geschützt und sollten ausreichen, um in Deutschland auch nach der Erwerbstätigkeit ein Leben gemäß den hergeleiteten Rechten zu führen. In anderen Worten: Menschen mit einem Vermögen bis zu diesen Grenzen dürfen in Deutschland nicht straffrei bestohlen werden, sofern sie dieses für die Sicherung der hergeleiteten Rechte verwenden.

Der Begriff Vermögen umfasst dabei natürlich nicht nur Geldmittel, sondern auch alle anderen Formen von Vermögen wie zum Beispiel Immobilien-, Aktien-, oder Grundbesitz.

Um aber nun erkennen zu können, welche Personen nicht bestohlen werden dürfen, schlage ich eine Orientierung an skandinavischen Ländern wie Schweden oder Norwegen vor. In diesen Ländern existiert kein Steuergeheimnis, sodass jeder weiß, was seine Mitbürger verdienen. Da Steuern auch auf Kapitalerträge, Miet- und Pachteinnahmen zu zahlen sind, sollte zu erkennen sein, welcher Bürger straffrei bestohlen werden kann und welcher nicht. In Streitfragen bezüglich eines begangenen Diebstahls kann

---

[200] Da diese Ansprüche zumindest bei Arbeitnehmern mit einem Einkommen unterhalb der Beitragsbemessungsgrenze durch Zahlungen aus dem Bruttoeinkommen erworben werden, in jedem Fall aber dem Anspruchsteller nicht bedingungslos zur Verfügung stehen.

ja immer noch ein Gericht zur Aufklärung angerufen werden. Dieses wird dann feststellen, ob dieser Diebstahl straffrei ist oder bestraft werden muss. Hierbei ist natürlich auch zu berücksichtigen, ob sich der Bestohlene Handlungen zurechnen lassen muss, die einzig dem Zweck dienen, sein Vermögen unter der genannten Grenze zu halten. Eine Übertragung von Vermögenswerten an abhängige Personen oder ein verschwenderischer Lebenswandel sind Beispiele hierfür. Letzterer kann angenommen werden, wenn signifikante Teile des Einkommens für Güter oder Dienstleistungen ausgegeben werden, die nicht zur Sicherung oder Befriedigung der hergeleiteten Rechte notwendig sind. Das bedeutet: Ein Recht auf Konsum im Sinne der heutigen Konsumgesellschaft ist in der Theorie des genetischen Codes als Invariante menschlicher Moral nicht vorgesehen. Wird also jemand bestohlen und bringt er den Dieb vor Gericht, geht dieser straffrei aus, wenn er nachweisen kann, das der gestohlene Betrag für Konsum ausgegeben wurde oder wäre, welcher nicht zur Sicherung oder Befriedigung der hergeleiteten Rechte notwendig ist. Dieser Nachweis gelingt dabei umso leichter, je höher solche Konsumausgaben pro Zeiteinheit sind. Das heißt: Jemanden um die kleinen Freuden des Lebens zu bestehlen, ist riskant – jemanden zu bestehlen, der Luxus und exzessiven Konsum zugetan ist, hingegen weniger. Wobei auch solche Beträge nur einmal straffrei gestohlen werden können. Gibt jemand also 500 Euro im Monat für sinnlosen Konsum aus, darf er nicht zweimal um diesen Betrag straffrei bestohlen werden. Der zeitlich spätere Diebstahl würde bestraft werden. Das so bestohlene Individuum hat daher die Möglichkeit, die hergeleiteten Rechte durch Reduzierung seiner Ausgaben für nicht notwendigen Konsum zu sichern. Dass von einem moralisch legitimen und somit straffreien Diebstahl insbesondere reiche Individuen betroffen sind, welche beispielsweise mehrere oder größere Häuser besitzen, als sie überhaupt bewohnen können, liegt auf der Hand.
Sollten solche Menschen versuchen, ihr Vermögen oberhalb der genannten Grenze zu schützen, so schränkt sie die hier vorgestellte ethische Theorie in der Wahl ihrer Mittel sehr ein. Da ein Recht auf körperliche Unversehrtheit hergeleitet wurde, sind nur passive Schutzmittel, also solche, die einen anderen Men-

schen nicht von sich aus schaden können, erlaubt. Der passive Schutz von Vermögen durch Einzäunen, Einbunkern, Verstecken usw. ist auf die Dauer jedoch nicht sehr vielversprechend. Diese passiven Schutzmittel durch aktive, wie zum Beispiel durch Hunde innerhalb eines umzäunten Geländes, zu ergänzen, ist jedoch nicht gestattet und würde im Fall des Falles betraft werden. Vermögen einer Bank anzuvertrauen, ist ebenfalls nicht sehr Erfolg versprechend, da diese natürlich auch nur verpflichtet ist, Vermögen von Individuen bis zur genannten Grenze zu schützen bzw. zu respektieren. Die Geschichte sowie die jüngere Vergangenheit zeigen jedoch eindrucksvoll, dass es einer der Geschäftszwecke von Banken ist, das Vermögen der Kunden in ihr eigenes zu überführen. Sollte eine solche Überführung auch noch straffrei sein, würde ich niemanden raten, ein Vermögen von beispielsweise 500.000 Euro einer Bank anzuvertrauen.

Nun können natürlich nicht nur Individuen bestohlen werden, auch Unternehmen können Adressat eines Diebstahls werden. Das klassische Argument, um einen solchen Diebstahl moralisch zu tadeln, läuft auf die Behauptung hinaus, dass die dadurch erforderlichen Ersatzinvestitionen es Unternehmen erschweren, Gewinne zu akkumulieren bzw. andere notwendige Investitionen zu finanzieren,[201] mit der Folge, dass, wenn dies nicht gelingt, das Unternehmen in seiner Existenz gefährdet ist. Sollte eine Insolvenz die Konsequenz sein, hätten die dann arbeitslosen Mitarbeiter Schwierigkeiten, ihre individuelle Daseinsvorsorge hinsichtlich der hergeleiteten Rechte zu organisieren bzw. das Sozialsystem müsste unnötige Transferzahlungen leisten. Ebenso könnte in diesem Zusammenhang eingewendet werden, dass es nun einmal Unternehmen braucht, um die Güter und Dienstleistungen bereitzustellen, die zur Befriedigung der hergeleiteten Rechte notwendig sind. Diese beiden Argumente sind korrekt, führen uns jedoch zu einer maßgeblichen Unterscheidung – nämlich dass der Zweck eines Unternehmens eine entscheidende

---

[201] Utopien von Unternehmen, deren primäres Ziel nicht in der Gewinnerzielung liegt, sind nicht Gegenstand dieses Abschnittes.

Rolle hinsichtlich der Bewertung des Diebstahls bei Unternehmen spielt. Es müssen hier zwei Arten von Unternehmen unterschieden werden. Zu Ersterer gehören Unternehmen, deren Zweck es ist, Güter und Dienstleistungen herzustellen bzw. zu erbringen, die notwendig sind, um die hergeleiteten Rechte aller Menschen zu erfüllen. Die zweiten Art erfasst alle, die keine solchen Güter herstellen oder die entsprechenden Dienstleistungen erbringen. Zumindest bei der ersten Art von Unternehmen sind die beiden genannten Argumente nicht von der Hand zu weisen, wenn man sie so relativiert, dass bei Überschreitung eines bestimmten Betrages an Zahlungsmitteln, die einem solchen Unternehmen durch Diebstahl verloren gehen, die skizzierten Folgen eintreten.

Folgt man dieser Argumentation, ist es allerdings moralisch untadelig, wenn ein Unternehmen der ersten Kategorie bestohlen wird, ohne dass dadurch dessen Gewinne geschmälert werden. Dies ist immer dann der Fall, wenn das Diebesgut durch das Unternehmen ohnehin der Vernichtung zugeführt würde. Üblich ist dies z. B. hinsichtlich der Verwendungsvorschriften von Nahrungsmitteln im Gastronomiegewerbe, aber auch in Krankenhäusern und Pflegeanstalten. Wenn die nicht verzehrten Mahlzeiten ohnehin im Abfall landen, kann es keinen moralischen Vorwurf nach sich ziehen, wenn Mitarbeiter diese selbst verzehren.

Ein anderes Beispiel wäre die Einlösung eines gefundenen Pfandbons durch die Mitarbeiter eines Supermarktes. Selbst wenn alle Mitarbeiter und Mitarbeiterinnen eines Supermarktes diesem Beispiel folgen würden, ist der daraus entstehende Verlust für das Unternehmen so marginal, falls überhaupt vorhanden, dass es dadurch unmöglich in seiner Existenz bedroht wird. Sollte also der Betrag eines Diebstahls, gemessen in Geldeinheiten – selbst unter der Annahme, alle verhielten sich so –, nicht ausreichen, um ein Unternehmen in seinem Bestand zu gefährden, wäre auch ein solcher Diebstahl moralisch nicht zu beanstanden. Leider sind beide Fälle, wie die Rechtsprechung in Deutschland zeigt, noch immer staatlich gebilligte fristlose Kündigungsgründe.

Hinsichtlich der zweiten Kategorie von Unternehmen muss geprüft werden, ob die sozialen Kosten, die sie verursachen, nicht höher sind als der soziale Nutzen, den sie in Form von Arbeitsplätzen und Steuerzahlungen generieren. So beschäftigen zum Beispiel Investmentunternehmen relativ wenige Mitarbeiter und tragen durch ihre Steuervermeidungspolitik auch nicht viel zur Sicherung der Sozialsysteme bei. Die Kosten, welche allen Menschen durch die Geschäftstätigkeit solcher Unternehmen entstehen, können deren Nutzen leicht übersteigen. So müssen während der aktuellen Bankenkrise Billionenbeträge aufgebracht werden, um unter anderem Investmentfirmen zu retten, deren einzige Geschäftstätigkeit darin besteht, aus Geld noch mehr Geld zu machen, ohne auch nur eine einzige Schraube dabei zu produzieren. Hier wäre es im Sinne stabiler öffentlicher sozialer Sicherungssysteme besser, die bei solchen Firmen beschäftigten Mitarbeiter aus eben jenen Sicherungssystemen zu alimentieren, statt sie ihrer Beschäftigung nachgehen zu lassen. Gleiches gilt für Rüstungskonzerne. Zwar beschäftigen diese auch Menschen, der Zweck ihrer Tätigkeit liegt jedoch gerade in der Herstellung von Gütern, die es ermöglichen, die hergeleiteten Rechte der Menschen im größtmöglichen Maßstab zu verletzen. Es ist geradezu absurd, dass es durch die derzeitigen Strafrechtssysteme verboten ist, Unternehmen zu bestehlen, deren Tätigkeit darin liegt, Güter herzustellen, durch die täglich Hunderte und Tausende Menschen verletzt und getötet werden. In dem hier vorgeschlagenen ethischen System wäre ein solcher Diebstahl hingegen moralisch untadlig.

Hinsichtlich des Diebstahls, welcher Unternehmen betrifft, lässt sich also festhalten, dass dieser bei der ersten Kategorie nur in begrenztem, ja marginalem Umfang durch die Theorie des genetischen Codes als Invariante menschlicher Moral gebilligt wird. Bei Unternehmen der zweiten Art ist ihr Beitrag zur Sicherung der hergeleiteten Rechte zu ermitteln, sollte dieser negativ sein, können solche Unternehmen in unbegrenzten Maße bestohlen werden.

Wir gelangen zu diesem Urteil aus folgendem Grund: Es konnte gezeigt werden, dass – bedingt durch die funktionelle

Verfasstheit des menschlichen Körpers – dieser den menschlichen Willen so determiniert, dass jeder Mensch die hergeleiteten Rechte für sich in Anspruch nimmt. Nicht gezeigt werden kann jedoch, dass jeder Mensch für sich in Anspruch nimmt, einen bestimmten, über den zur Befriedigung der genannten Rechte hinausgehenden Wert an Gütern und Geld zu besitzen. Das heißt: Jeder wird es moralisch tadeln, sollte er aufgrund eines Diebstahls Hunger leiden, frieren oder verletzt werden. Ob es aber jeder tadelt, dass ihm durch Diebstahl nur etwas weniger an Gütern, Geld oder Bequemlichkeit zur Verfügung steht, aber dennoch ausreichend, um die Befriedigung der genannten Rechte zu sichern, muss infrage gestellt werden. Analog der in diesem Buch gemachten biologischen Herleitung lässt sich ein solches Recht nicht beweisen. Denn die dargestellte biologische Herleitung beruht darauf, dass körpereigene Sensoren physikalische Informationen an das Gehirn übermitteln und dieses darauf bei allen Menschen in einer bestimmten, immer gleichen Weise reagiert. Das ungute Gefühl, das den Leser überkommt, sollte er bestohlen worden sein, ohne dadurch ernstlich in Gefahr zu kommen, wird zwar auch im Gehirn erzeugt, beruht dagegen aber im Wesentlichen auf der Bewertung einer Situation. Diese muss aber nicht intersubjektiv und interkulturell geteilt werden. Ebenso gut ist es möglich, dass diese Bewertung einer bestimmten Form der Erziehung oder dem gesellschaftlichen Umfeld geschuldet ist und andere Menschen zu einem anderen Urteil derselben Situation gelangen.

Innerhalb dieser ethischen Theorie, die ihre Wissenschaftlichkeit durch das zweite Axiom sichert, können nur solche moralischen Normen Gültigkeit erlangen, die aus Rechten erwachsen, von denen bewiesen werden kann, dass alle Menschen sie für sich in Anspruch nehmen. Daher findet die nicht beweisbare Behauptung, dass alle Menschen es moralisch verurteilen, um einen Betrag bestohlen worden zu sein, der nicht ausreicht, um die Sicherung der hergeleiteten Rechte zu gefährden, hier keinen Platz. Dies ist ein Beispiel für die Vorteile, die es bringt, wenn das zweite Axiom Bestandteil einer ethischen Theorie ist. Man kann nicht einfach beliebig behaupten, dass die Menschen dieses oder jenes moralische Recht für sich beanspruchen. Eine solche Behauptung kann sofort auf ihre Beweisbarkeit hin geprüft werden. Bezüglich Diebstahls besteht die Behauptung, dass es alle Menschen moralisch verurteilen, wenn sie um einen Betrag bestohlen werden, der nicht ausreicht, um die Sicherung der hergeleiteten Rechte zu gefährden, diese Prüfung nicht.

Betrachten wir nun die Konsequenzen der moralischen Billigung eines solchen Diebstahls. Diese sind nicht so fürchterlich, wie es scheinen mag. Meines Erachtens sind sie sogar positiv!

Bildet die erarbeitete Theorie die Grundlage eines Strafrechtssystems, bleibt Diebstahl, solange durch diesen die hergeleiteten Rechte aus Abschnitt vier nicht verletzt werden, straffrei. Dies hätte zur Folge, dass einige Menschen damit beginnen würden, andere zu bestehlen. Nur hätten sie an diesem Raub nicht lange Freude, da dieser ihnen wiederum entrissen würde, sobald durch ihn ihr eigenes Vermögen über die genannte Grenze steigt. Sie wären also gezwungen, sehr schnell Nutzen aus dem Diebesgut zu ziehen, es also sehr schnell zu verbrauchen.

Daher würde sich sehr bald, ausgehend vom Ist-Zustand, ein Zustand einstellen, in dem die Menschen der Industrienationen genug zu essen sowie ausreichend zu trinken, Zugang zu medizinischer Versorgung sowie zu einer beheizbaren Wohnung und zu entsprechender Bekleidung haben. Millionäre würde es hingegen nicht mehr geben. Alle anderen, wie die Menschen in Entwicklungsländern, werden zu Beginn zumindest nicht schlechter gestellt, profitieren aber in der Folge; denn die Straffreiheit des Diebstahls, solange dieser die hergeleiteten Rechte nicht verletzt, hat einen entscheidenden Vorteil. Es macht für die Menschen nun keinen Sinn mehr, mehr Güter aufzuhäufen, als sie zur Befriedigung ihrer biologischen Bedürfnisse benötigen, da ihnen jedes »mehr« alsbald gestohlen würde, ohne dass sie sich hiergegen gewaltsam verteidigen dürften. Hieraus folgt nun vielerlei.

Zum einen würde die Ausbeutung des Menschen durch den Menschen ein Ende haben. Dies würde all jenen, und zwar überall auf der Welt und nicht nur in den Industrienationen, zugute kommen, denen die hergeleiteten Rechte verwehrt werden, nur damit andere Reichtümer anhäufen können. Einige Kriegsgründe, Sklaverei, die es auch heute noch gibt, Zwangsprostitution, die in noch weit größerem Maße existiert, und vieles andere, wie die tödlichen durch Investmentgesellschaften betriebenen Spekulationsgeschäfte mit Nahrungsmitteln, wären sinnlos, wenn die genannte Art des Diebstahls nicht bestraft werden würde, wohl aber die gewaltsame Verteidigung von Besitztümern, die nicht zur Sicherung der in Abschnitt vier hergeleiteten Rechte nötig sind. Dies bedeutet unter anderem, dass Menschen in Entwicklungs- und Schwellenländern nun die Möglichkeit erhalten, ihre Kapital- und Produktionsfaktorausstattung für die eigene Entwicklung zu nutzen. Schlicht und einfach auch deshalb, weil viele kriegerische Auseinandersetzungen oder die überbordende Korruption und Vorteilsnahme durch die Regierenden dieser Länder, welche jede Entwicklung verhindern, zur Voraussetzung haben, dass die auf solche Weise angeeigneten Güter auch akkumuliert werden können. Ebenso müssten die Menschen, besonders in den Entwicklungsländern, nicht einen immer weiter steigenden Teil ihres Einkommens für den Kauf von Nahrungsmitteln aufbringen, so sie sich diese überhaupt leisten können, und nicht einfach verhungern; nur weil andere Menschen eine noch nicht geerntete Tonne Getreide schon zehnmal weiterverkauft haben. Und jeder von diesen will Geld dabei verdienen, ohne selbst auch nur eine Ähre geerntet oder ein einziges Korn gemahlen zu haben.

Das Argument, dass durch die Unmöglichkeit der individuellen Anhäufung von Reichtümern eventuell vorhandene Exportindustrien in Entwicklungsländern ihre wohlfahrtssteigernde Wirkung nicht mehr entfalten können, erscheint aus mehreren Gründen zweifelhaft. So zeigt die Empirie, dass die zweifellos vorhandenen Exporterfolge einiger Entwicklungs- und Schwellenländer aufgrund der extrem ungleichen Verteilung der Exportgewinne nicht mit einer Verbesserung der Lebensbedingungen der allermeisten Menschen in diesen Ländern einhergehen.[202] Darüber hinaus ist der Exportsektor in vielen Entwick-

---

[202] Vgl. Hans-Rimbert Hemmer: Wirtschaftsprobleme der Entwicklungsländer, 2002, 3. Auflage, Verlag Vahlen, S. 310.

lungsländern zum Beispiel durch Sonderwirtschaftszonen so von der Binnenwirtschaft losgelöst, dass er keine nennenswerten positiven Effekte auf diese hat.[203] Ebenso ist es möglich, dass der Exportsektor in Entwicklungsländern eine wohlfahrtshemmende Wirkung zeigt.[204]
Zum andern würden sämtliche Klima- und andere Umweltschutzziele schnell und nachhaltig erreicht werden. Das Hauptproblem bei der Erreichung dieser Ziele ist es ja, dass zu viele Güter verbraucht werden.[205] Güter, für die kein biologischer Bedarf besteht, die nur deshalb unter unglaublichem Materialaufwand und unter Ausbeutung der Umwelt produziert werden, weil mit fast ebenso großen Anstrengungen Bedürfnisse für solche Güter geweckt werden. Der enorme Verbrauch an Ressourcen und die damit einhergehende Umweltverschmutzung hätten sofort ein Ende, wenn das einzige Ergebnis der Aneignung solcher Güter ihr sofortiger Verlust wäre.[206] Hiervon würden ebenfalls alle Menschen, und zwar tatsächlich fast alle, profitieren, die von den negativen Auswirkungen des Klimawandels im Besonderen und der Umweltverschmutzung im Allgemeinen betroffen sind. Ebenso steht es mit der Übernutzung natürlicher Ressourcen, die ja nur dann Sinn macht, wenn es denen, die diese über Gebühr ausbeuten, gelingt, die dadurch gemachten Gewinne zu konservieren. Dann kann es ihnen einerlei sein, ob sich Fischbestände nie wieder erholen werden oder ob der Regenwald nie wieder nachwachsen wird. Sie haben ja ihr Geld verdient. Könnten solche Gewinne nicht akkumuliert werden, wären auch sie auf eine nachhaltige Bewirtschaftung natürlicher Ressourcen angewiesen, da sie sich ansonsten ihrer individuellen

---

[203] Vgl. ebd. S. 311 f.
[204] Vgl. ebd. S. 313–315.
[205] Vgl. Herman E. Daly: Wirtschaft jenseits von Wachstum, 1999, Verlag Anton Pustet, S. 32, 52--57.
[206] Hier möchte ich daran erinnern, dass unabhängig von jedem geschützten Vermögen Diebstahl immer straffrei ist, wenn der Dieb vor Gericht nachweisen kann, das der gestohlene Betrag für Konsum ausgegeben wurde oder wäre, welcher nicht zur Sicherung oder Befriedigung der hergeleiteten Rechte notwendig ist.

Lebensgrundlage beraubten. Darüber hinaus würde sich auch die gesamtgesellschaftliche Organisation der Arbeit ändern. Momentan arbeiten wenige oft unter hohem physischem und psychischem Druck, um Güter, zu produzieren die eigentlich niemand benötigt, damit eine noch kleinere Anzahl von Menschen in märchenhaftem Reichtum leben kann. Auch dies würde dann ein Ende finden, wenn Güter von Individuen nur noch sehr begrenzt, etwa zur Altersvorsorge, akkumuliert werden können. Dann würde es keinen Anreiz mehr geben, zur Steigerung des Profits möglichst wenige sehr hart und lange arbeiten zu lassen.

Es kann also angenommen werden, dass die Straffreiheit der diskutierten Form des Diebstahls nicht in den Abgrund, sondern zu einem friedlicheren und humaneren Leben in einer intakten Umwelt führen würde. Der Anspruch des Einzelnen auf die Erfüllung der hergeleiteten Rechte kann dabei auch als ein Anspruch auf ein bedingungsloses Grundeinkommen in entsprechender Höhe interpretiert werden. Die Straffreiheit des Diebstahls im genannten Ausmaß würde dazu führen, dass die Menschen ihre Konsum- und Lebensgewohnheiten in einer Weise ändern, die dem entspricht, was in zahlreichen Veröffentlichungen als »Theorie des guten Lebens« bezeichnet wird.

Nun mag mancher einwenden, dass nur die Möglichkeit der Aneignung von möglichst vielen Gütern den Fortschritt der Menschheit gewährleistet. Diesem ist zum einen entgegenzuhalten, dass der Fortschritt – gemeint ist damit meist ein technischer – keinen Wert an sich darstellt und man auch in den Abgrund fortschreiten kann. Zum anderen ist festzustellen, dass Entdeckungen und Erfindungen wie z. B. Penizillin, Antibiotika oder die Erleichterungen des Alltags durch Relativitäts- und Quantentheorie nicht durch die Rockefellers, Flicks und Krupps dieser Welt gemacht worden sind, sondern von Menschen mit Liebe zur und dem Verlangen nach Erkenntnis.

Eine weitere Kritik an dem Vorgetragenen könnte lauten, dass ein egoistisches Menschenbild vorausgesetzt worden ist, welches bisher als nicht beweisbar dargestellt wurde. Die bisherigen Ausführungen beziehen sich aber auf die gesamte

Menschheit. Dass einige Menschen stehlen werden, sodass sich der beschriebene Zustand einstellen kann, wird ja nicht bestritten. Dass es solche Menschen gibt, ist offensichtlich, aber es gibt eben nicht nur solche.

Ein letzter Einwand wäre, dass der Anspruch auf die hergeleiteten Rechte in Verbindung mit der Unmöglichkeit einer exzessiven individuellen Akkumulation von Gütern dazu führt, dass niemand mehr ausreichend arbeitet,[207] um die hergeleiteten Rechte für alle im sozialstaatlichen Sinne sichern zu können. Es wurde aber schon gezeigt, dass sich ein solches Menschenbild nicht für die gesamte Menschheit beweisen lässt. Tatsächlich ist es weitaus weniger verbreitet, als uns entsprechende Apologeten glauben machen wollen. Derlei Argumente übersehen, dass soziales »Parasitentum« oder ein ausgeprägt egoistisch motiviertes Sozialverhalten keine attraktiven gesellschaftlichen Positionen darstellen. Der Gehalt dieses Argumentes lässt sich leicht ersehen, wenn man sich vergegenwärtigt, dass die Sozialsysteme der BRD und anderer Staaten, welche die hergeleiteten Rechte ja immer noch garantieren, nicht aufgrund von Überinanspruchnahme zusammenbrechen. Die Menschen gehen arbeiten und zahlen Sozialabgaben, die, da sie zur Sicherung der hergeleiteten Rechte für Arbeitsunfähige dienen, nicht gestohlen werden dürfen, obwohl ihnen der Staat auch ohne jede Erwerbsarbeit einen Lebensstandard garantiert, der auf rein materieller Ebene durchaus mit dem der arbeitenden Bevölkerung vergleichbar ist. Sie tun dies, obwohl sie wissen, dass sie durch ihre Arbeit nie wohlhabend werden, geschweige denn reich.

Das Argument, dass niemand mehr arbeiten geht, weil es einfach bequemer ist, zu stehlen, verfängt ebenfalls nicht. Unternehmen, die für die Sicherung der hergeleiteten Rechte notwendig sind oder die einen positiven Beitrag zur Gesellschaft aller leisten, dürfen quasi nicht bestohlen werden. Menschen, die ein Vermögen besitzen, welches deutlich über das hinausgeht, was gemäß obigen Ausführungen zur individuellen Sicherung der

---

[207] Um zum Beispiel das entdeckte Penizillin oder andere Forschungsleistungen auch im großen Maßstab in Anwendung zu bringen.

hergeleiteten Rechte benötigt wird, wird es bald auch nicht mehr geben, da ihnen dieses »zu viel« in absehbarer Zeit von wenigen anderen Individuen gestohlen wird. Es wird also nach einer eher kurzen Übergangszeit kaum jemanden mehr geben, der straffrei bestohlen werden darf.

Nun können nicht nur natürliche Personen, sondern auch Staaten in Form der Verweigerung von Steuerzahlungen bestohlen werden.[208] Wie ist ein solcher Diebstahl im Rahmen der ethischen Theorie des genetischen Codes als Invariante menschlicher Moral zu bewerten? Moralisch zu tadeln ist ein solcher Diebstahl nur, wenn dieser zwei Bedingungen erfüllt.

Erstens muss er gegen einen Staat gerichtet sein, der bestrebt ist, die hergeleiteten Rechte aller Menschen zu sichern. Dies trifft auf Staaten zu, die ihren Bürgern Sozialhilfe zahlen, über ein öffentlich finanziertes oder zumindest stark subventioniertes Gesundheitssystem verfügen, eine entsprechende Exekutive und Judikative unterhalten und im Idealfall in der Entwicklungshilfe engagiert sind.

Zweitens muss er solche Staaten in ihrer Fähigkeit zur Aufrechterhaltung der eben genannten Systeme beschneiden. Ob dem so ist, lässt sich mit einem Blick auf die Verwendung der Steuergelder eines Staates entscheiden. Staaten, die Milliardenbeträge[209] vorbei an Sozial-, Gesundheits- und Sicherungssystemen der öffentlichen Ordnung verschwenden, würde ein solcher Diebstahl nicht in ihrer Fähigkeit einschränken, die hergeleiteten Rechte aller Menschen zu sichern. Denn sie müssten lediglich der Verschwendung Einhalt gebieten und die frei werdenden Mittel in die genannten Sicherungssysteme lenken.

Eine solche Verschwendung liegt beispielsweise bei Staaten vor, welche Angriffskriege führen – meistens gegen Staaten, von deren Territorium bestenfalls ein Stein, meist aber noch nicht einmal das, in die Richtung des Staatsgebietes des Angreifers

[208] Andere Formen des Diebstahls sind bezogen auf Staaten aufgrund von deren Charakteristika nicht oder nicht in einem signifikanten Maß möglich.
[209] Gerechnet in Dollar oder Euro.

geworfen wurde. Von den Befürwortern solcher Kriege wird gern behauptet, sie dienten dem Schutz der Menschen auf dem Territorium des angegriffenen Staates im Sinne der hergeleiteten Rechte. Dies ist an sich ein richtiges und gutes Ziel. Tatsache ist jedoch, dass gerade die Organisationen, welche ohne Anwendung von Gewalt nachweislich in diesen Ländern dazu beitragen, die hergeleiteten Rechte der Menschen zu sichern, statt Listen mit Kollateralschäden zu führen, sich ausdrücklich dagegen verwahren, auch nur im entferntesten mit dem Militär des angreifenden Staates in Verbindung gebracht zu werden. Ebenso ist festzuhalten, dass in Ländern wie dem Irak oder Afghanistan trotz jahrelanger Besatzung keine signifikante Verbesserung der Lebensbedingungen für die dortige Bevölkerung festzustellen ist. Stattdessen folgt ein Selbstmordanschlag dem anderen und das Militär der Besatzungsmächte hat den Rückzug eingeleitet.

Ein staatlicher Gewalteinsatz auf dem Territorium eines anderen Staates ist nur dann moralisch legitim, wenn er sich an die auf Seite 86, Fußnote 197 genannten Bedingungen hält; also nur zur Beendigung eines konkreten, unmittelbar stattfindenden physischen Angriffs gegen Menschen dient, ohne andere als die Angreifer zu verletzen. Es ist also nicht gestattet, präventiv gegen potenzielle Angreifer vorzugehen oder tatsächliche Angreifer auf eine Weise zu verfolgen, die ihrerseits Unschuldige verletzt. Dies führt im Gegensatz zum präventiven Vorgehen mittels Bombardements natürlich aufseiten derer, die auf dem Territorium eines anderen Staates die hergeleiteten Rechte aller Menschen schützen wollen, zu sehr hohen Verlusten eigener Soldaten. Aber nur unter Zahlung dieses Preises besteht die Aussicht, dass eine solche Militäroperation ihr Ziel, die hergeleiteten Rechte der Menschen auf dem Gebiet eines anderen Staates zu schützen, auch erreichen kann.

Da die Zahlung dieses Preises in der Militärstrategie von Staaten, die solche Kriege führen, aber nicht vorgesehen ist und der angegriffene Staat seinerseits keinen Militäreinsatz gegen den Angreifer geführt hat, kann mit Fug und Recht von einem Angriffskrieg gesprochen werden, der nur Mittel vergeudet, die den Sozialsystemen zugutekommen könnten. Daher ist es

Diebstahl und Lüge

im Rahmen der hier vertretenen ethischen Theorie nicht moralisch zu verurteilen, einen solchen Staat mittels Minderung der Steuerzahlungen zu »bestehlen«. Ein solcher Staat wird dadurch schlicht und einfach nicht in seiner Fähigkeit zur Aufrechterhaltung von sozialen Sicherungssystemen, welche die hergeleiteten Rechte garantieren, beschnitten. Er kann die dazu fehlenden Mittel problemlos durch die Einstellung des Angriffskrieges bereitstellen. Es fehlt daher schlicht an der Erfüllung der in diesem Zusammenhang genannten zweiten Bedingung. Erst wenn trotz der Beendigung eines Angriffskrieges und des entsprechenden Einsatzes der freiwerdenden Mittel zum Erhalt oder Ausbau sozialer Sicherungssysteme diese immer noch nicht ausreichend finanziert sind, dann erst wäre die Minderung der Steuerzahlungen moralisch zu verurteilen. Mit anderen Worten ist es moralisch legitim, die eigenen Steuerzahlungen entsprechend der Kosten für einen Angriffskrieg anteilig zu kürzen.[210]

Eine weitere Verschwendung von Steuergeldern stellen in diesem Zusammenhang Exportsubventionen dar. Diese führen aufgrund einer Umlenkung der Produktionsmengen in das Ausland zu einem Preisanstieg des Exportgutes im Inland, während der internationale Preis der Exportgüter sinkt.[211] Verbraucher im Inland erleiden folglich einen Wohlstandsverlust.[212] Exportgüterproduzenten kommen gleichzeitig durch die Subvention in den Genuss höherer Gewinne. Sie verzeichnen einen Wohlstandsgewinn.[213] Da Exportsubventionen aber aus der öffentlichen Hand finanziert werden, erleidet der Staatshaushalt eben-

---

[210] Sollte der Staat sich die für die Führung von Angriffskriegen notwendigen Mittel mithilfe der Zentralbank selbst beschaffen, so hat dies keinen nennenswerten Einfluss auf die Inflation, da Gewehre, Bomben und Kampfflugzeuge sich nicht im Warenkorb des Bürgers befinden.

[211] Vgl. Gustav Dieckheuer: Internationale Wirtschaftsbeziehungen, 2001, 5. Auflage, Oldenbourg Wissenschaftsverlag, S. 177.

[212] Vgl. Paul R. Krugman, Maurice Obstfeld: International Economics – Theory and Policy – 2000, 5. Auflage, Addison-Wesley Publishing Company, S. 198.

[213] Vgl. ebd., S. 198.

falls einen Verlust.[214] Da die Verluste der Verbraucher und des Staates die zusätzlichen Gewinne der Exportgüterproduzenten übersteigen, kommt es zu einem Wohlfahrtsverlust im Inland. Krugman und Obstfeld konstatieren: »So an export subsidy unambiguously leads to costs that exceed its benefits«.[215] Staaten, die sich Exportsubventionen leisten, haben Geld zu verschenken. Gustav Dieckheuer formuliert dazu: »Zu einem gewissen Teil ist sie ein monetäres Geschenk an das Ausland, dessen realer Nutzen für das Inland sehr zweifelhaft ist.«[216] Den Staat um einen Betrag zu bestehlen, den dieser ohnehin verschenken[217] würde, ist in der ethischen Theorie des genetischen Codes als Invariante menschlicher Moral nicht sanktionswürdig. Eine entsprechende Minderung der eigenen Steuerzahlungen würde in diesem Zusammenhang den Staat ebenfalls nicht in seiner Fähigkeit beschneiden, ein soziales und öffentliches Sicherungs- und Sicherheitssystem zu unterhalten, und nur darauf kommt es an. Es steht ihm jederzeit frei, Mittel, welche durch Exportsubventionen verschwendet werden, in die sozialen und öffentlichen Sicherungs- und Sicherheitssysteme zu investieren.

Natürlich wird ein Staat immer versuchen, die eigenverantwortliche Kürzung der Steuerzahlungen durch seine Bürger als Steuerhinterziehung zu verfolgen und zu bestrafen. Aber das ist eine Frage der praktischen Umsetzung, nicht jedoch der moralischen Richtigkeit.

Kommen wir nun zum Problem der Lüge. Für Bentham ist eine Lüge moralisch zu billigen, sofern ihr die Tendenz innewohnt,

---

[214] Vgl. ebd., S. 198.
[215] Vgl. ebd., S.198.
[216] Gustav Dieckheuer: Internationale Wirtschaftsbeziehungen, 2001, 5. Auflage, Oldenbourg Wissenschaftsverlag, S. 178.
[217] Dass solche Geschenke keineswegs ein Segen sind, zeigen die verheerenden Auswirkungen der EU-Agrarsubventionen auf Entwicklungs- und Schwellenländer, deren eigene Nahrungsmittelproduktion in der Folge völlig zusammengebrochen ist, da einheimische Produzenten nicht mehr zu konkurrenzfähigen Preisen produzieren konnten.

das Glück zu mehren. Für Kant ist eine Lüge aber zu missbilligen, da eine solche Maxime nicht allgemeines Gesetz werden kann. Hier zeigt sich exemplarisch, dass die Menschen unterschiedliche Auffassungen zur moralischen Legitimität einer Lüge vertreten. Daher gibt es keine gemeinsame Schnittmenge im Hinblick auf die moralische Bewertung einer Lüge, solange diese nicht zur Verletzung der oben genannter Rechte führt. Das heißt, Lügen, die diese Rechte nicht berühren, liegen nicht in der Sphäre der Moral. Denn ohne eine von allen Menschen geteilte Auffassung über die Bewertung solcher Lügen kann keine Auffassung die moralische Wahrheit für sich reklamieren. So steht es also jedermann frei, Lügen, die – auch in ihrer Folge – die oben genannte Rechte nicht tangieren, zu verwenden oder dies zu unterlassen.

Im alltäglichen Leben sind solche kleine Lügen geradezu notwendig, um ein harmonisches Miteinander zu wahren. Ebenso ist es auch heute schon gesetzlich erlaubt, innerhalb eines Bewerbungsgespräches bezüglich der Familienplanung die Unwahrheit zu sagen.

Dabei ist es natürlich auch jedermanns Recht, derartige Lügner zu sanktionieren, aber eben nur innerhalb eines Rahmens, der seinerseits die oben genannten Rechte nicht verletzt.

5.2 Schwangerschaftsabbruch

Stellen wir uns nun die viel diskutierte Frage nach der ethischen Bewertung eines Schwangerschaftsabbruchs. Die Antwort lautet, dass eine Fristenlösung ethisch nicht zu beanstanden ist. Aber warum und welche Frist ist einzuhalten?

Hinsichtlich Embryonen stellt sich daher die Frage, ab wann diese Schmerzen empfinden können. Solange dies nicht der Fall ist, verletzt ein Schwangerschaftsabbruch nicht die jedem Menschen zustehenden Rechte. Der Zeitpunkt, an dem die Entwicklung eines Embryos so weit vorangeschritten ist, dass die Möglichkeit zur Schmerzempfindung besteht, ist auf die 26. Schwangerschaftswoche zu datieren. Er mag zwar die genotypische Anlage dazu haben, diese hat jedoch noch nicht ihre notwendige Ausbildung erreicht. Dies bedeutet konkret, dass bis zur 26. Woche der embryonalen Entwicklung die thalamokortikalen Fasern die kortikale Platte noch nicht durchdrungen haben. Dies ist jedoch eine notwendige physische Voraussetzung, um Schmerz empfinden zu können. »Prior to 26 weeks, the thalamocortical fibers have not yet penetrated the cortical plate, and it seems unlikely the cortical structures considered necessary for pain are responding to noxious stimulation.«[218] Es ist daher physisch und biologisch nach dem heutigen Wissensstand kaum möglich, dass ein Embryo vor der 26. Woche seiner Entwicklung Schmerzen empfindet. Und dies trifft auf alle Embryonen zu. Dieser Fakt muss natürlich in jedweder ethischen Theorie Berücksichtigung finden, die sich an Tatsachen orientiert.

Im Rahmen der hier entwickelten Theorie des genetischen Codes als Invariante menschlicher Moral folgt daraus, dass erst ab der 26. Woche der embryonalen Entwicklung ein Schwangerschaftsabbruch ethisch zu beanstanden und somit sanktionierbar ist.[219] Denn erst dann ist das Leben eines Embryos ebenso wie das jedes anderen Menschen indirekt über die Fähigkeit zur Schmerzempfindung geschützt.

Es muss hier natürlich zugestanden werden, dass diese Überlegung voraussetzt, dass ein Embryo ab der 26. Woche ein Mensch ist. Denn nur auf ihn beziehen sich die genannten Rechte, da nicht nachgewiesen werden kann, dass jeder reflexionsfähige Mensch auch den entsprechenden Schutz für nicht menschliches Leben für sich in Anspruch nimmt. Geht man jedoch von den gängigen Todeskriterien wie dem Herz-Kreislauf-Versagen

---

[218] Derbyshire Stuart W. G. Fetal »Pain« – A Look at the Evidence, in: American Pain Society Bulletin, 2003 Volume 13, Number 4, vgl. auch Robert F. Schmidt, Florian Lang (Hrsg.), Physiologie des Menschen: mit Pathophysiologie, 2007, 30. Auflage, Springer Verlag, S. 322

[219] Eine Ausnahme ist allerdings dann gegeben, wenn der Mutter durch die Geburt ein gesundheitlicher Schaden droht, welcher mit Schmerzen einhergeht. In diesem Fall wäre ein Schwangerschaftsabbruch auch nach der 26. Woche moralisch legitim, da das Recht der Mutter auf körperliche Unversehrtheit aufgrund ihres höheren Entwicklungsgrades stärker zu gewichten ist als dasselbe Recht des Embryos.

oder dem Hirntod-Kriterium aus, ist ein Embryo zur 26. Woche seiner Entwicklung am Leben und aufgrund seines genetischen Codes auch zur Art der Menschen zugehörig.

5.3 Humangenetik

Die Humangenetik machte in den letzten Jahren erhebliche Fortschritte und trug damit immens zur Zunahme des Wissens über die Zusammenhänge und Ursachen von Erkrankungen bei. Nicht wenige glauben daher, dass das Wissen über das menschliche Genom in Zukunft überragende Bedeutung im Hinblick auf die Diagnostik und die Therapie von Erkrankungen haben wird.

Auf der anderen Seite wachsen mit jeder neuen Erkenntnis über den genetischen Code des Menschen Ängste und Befürchtungen, dass dieses Wissen von einzelnen Individuen oder Interessengruppen missbräuchlich genutzt wird. Daher muss sich eine ethische Theorie auch mit der Frage auseinandersetzen, welche Anwendungen oder Nutzungen genetischen Wissens ethisch legitim sind und wo dies nicht der Fall ist. Einige dieser Fragen sollen daher im Rahmen der hier entwickelten Theorie beantwortet werden, wobei klar werden sollte, wie die Antworten auf jene Fragen, die an dieser Stelle nicht explizit gestellt werden, ausfallen würden. Behandelt werden sollen die Fragen nach der ethischen Bewertung human- genetischer, diagnostischer und therapeutischer Möglichkeiten bei Embryonen, bei schon geborenen Menschen sowie die Möglichkeiten der Veränderung genetischer Informationen.

Pränatale Diagnose

Die Amniozentese stellt eine Methode zur pränatalen Diagnose genetischer Störungen dar. Hierbei wird zwischen der 15. und 16. Schwangerschaftswoche mithilfe einer Spritze, deren Nadel durch die Bauchwand der Mutter hindurch bis in die Amnionhöhle gestochen wird, Amnionflüssigkeit entnommen.[220] Um den Embryo nicht zu verletzen, wird dessen Lage mittels Ult-

---

[220] Vgl. Keith L. Moore, T.V.N. Persaud, Embryologie, 2007, Urban & Fischer Verlag, 5. Auflage, S. 126

raschall bestimmt. Diese relativ risikoarme Untersuchung – das Abortrisiko liegt bei ca. 0,5 Prozent[221] – kommt bei Risikogruppen wie u. a. bei Müttern über 35 Jahren, bei einer bereits vorausgegangenen Geburt eines Kindes mit Trisomie, bei Chromosomenveränderungen eines Elternteils oder angeborenen Stoffwechselanomalien in der Familie zur Anwendung.[222]

Eine andere Methode zur pränatalen Diagnose genetischer Störungen stellt die Biopsie von Chorionzotten dar. Der Vorteil der Chorionzottenbiopsie liegt darin, dass durch ihre Anwendung Chromosomenanomalien und Stoffwechselerkrankungen einige Wochen früher als durch die Amniozentese festgestellt werden können, jedoch um den Preis, dass die Abortrate um 0,5 Prozent höher liegt.[223]

Für die ethische Bewertung dieser Diagnosemethoden sind natürlich die Konsequenzen der gewonnenen Erkenntnisse entscheidend.

Hier können drei Möglichkeiten unterschieden werden.

Schwangerschaftsabbruch aufgrund erkennbarer Chromosomenanomalien oder Stoffwechselerkrankungen. Da die genannten Untersuchungsmethoden deutlich vor der 26. Schwangerschaftswoche eingesetzt werden, entspricht ihre ethische Bewertung dem des Schwangerschaftsabbruchs. Sie sind also hinsichtlich dieser Konsequenz ethisch legitim.

Kein Schwangerschaftsabbruch, obwohl Chromosomenanomalien oder Stoffwechselerkrankungen diagnostiziert wurden. Aus dieser möglichen Folge lässt sich kein Argument gegen die Anwendung und die ethische Legitimation der genannten Untersuchungsmethoden ableiten. Denn würde man aufgrund eines solchen Argumentes diese Diagnosemethode untersagen, käme es nichtsdestotrotz zur Geburt behinderter Kinder. Die bloße Zur-Verfügung-Stellung einer Information, welche eine bessere Einschätzung der Konsequenzen einer Entscheidung

---

[221] Vgl. ebd. S. 126
[222] Vgl. ebd. S. 126
[223] Vgl. ebd. S. 127.

ermöglicht, kann ethisch nicht sanktioniert werden. Nur die Entscheidung, ob man trotz einer solchen Diagnose ein Kind zur Welt bringt, kann Gegenstand einer moralischen Wertung sein. Auf der Grundlage der hier vertretenen Theorie wäre es ethisch nur zu beanstanden, wenn man ein Kind auf die Welt brächte, welches aufgrund seiner genetischen Veranlagung chronische Schmerzen über die Dauer seines Lebens zu erleiden hätte, ohne dass die Möglichkeit der medizinischen Abhilfe sichergestellt wäre. Dies ergibt sich daraus, dass dem ersten Axiom gemäß reflexionsfähige Menschen aufgrund der in Abschnitt 4.4 dargestellten Funktionsweise des menschlichen Körpers für sich in Anspruch nehmen, ein schmerzfreies Leben zu führen oder, falls sich dies aufgrund von Erkrankungen nicht vermeiden lässt, diese behandelt werden müssen. Die Entscheidung, ein Kind auf die Welt zu bringen, von dem man weiß, dass es für den Großteil der Dauer seiner Existenz mit Schmerzen leben muss, die auch unter Berücksichtigung des medizinisch Möglichen nicht zu neutralisieren sind, verstößt gegen diese Forderung.

Ethisch unproblematisch ist es jedoch, ein geistig oder körperlich behindertes Kind auf die Welt zu bringen, dessen Schmerzerwartung dem nicht behinderter Kinder gleicht oder – sollte sie darüber liegen – dessen Schmerz sich medizinisch neutralisieren lässt. Denn die in Abschnitt 4 hergeleiteten Rechte definieren in keiner Weise einen Anspruch auf oder das Primat einer bestimmten geistigen Verfasstheit. Und sie definieren das Recht auf körperliche Verfasstheit nur im Hinblick auf die Vermeidung von Schmerzen. Alles darüber Hinausgehende lässt sich nicht beweisen. Argumente, die behaupten, es sei unmoralisch, behinderte Kinder ohne überhöhte Schmerzerwartung auf die Welt zu bringen, wissen wenig zu überzeugen, da sie kein gut begründetes, geschweige denn beweisbares Konzept vorlegen können, wie ein solches Leben zu bewerten ist. Eine solche wie auch immer lautende Bewertung müsste von allen Menschen geteilt werden. Der Beweis für die Existenz eines solchen Konsenses wurde aber noch nicht vorgelegt. Konsens unter den Menschen herrscht nur darin, dass jeder für sich in Anspruch nimmt, Schmerzen zu vermeiden.

Eine weitere Konsequenz gilt es bei der moralischen Bewertung von Amniozentese und Chorionzottenbiopsie zu beachten, und zwar das um 0,5 bzw. um 1 Prozent gesteigerte Abortrisiko als Folge ihrer Anwendung. Ein Abort wird definiert als »vorzeitige Beendigung der Entwicklung mit Ausstoßung des Konzeptus aus dem Uterus bzw. die Ausstoßung eines Embryos oder Fetus, bevor dieser ... außerhalb des Uterus lebensfähig ist (zurzeit liegt die Grenze für eine gesunde Entwicklung von Frühgeborenen bei 23 Entwicklungswochen)«.[224] Im Rahmen der hier vertretenen ethischen Theorie folgt aus dieser Konsequenz keine moralische Sanktionswürdigkeit der untersuchten Diagnosemethoden, da der Tod eines Fetus oder Embryos vor der 26. Woche, also schmerzfrei, erfolgen würde.

Zwischenzeitlich ist es jedoch auch möglich geworden, allein unter Verwendung von DNA-Analysen mütterlichen Bluts und väterlichen Speichels das Genom eines ungeborenen Kindes zu entschlüsseln. Die Entnahme mütterlichen Bluts und väterlichen Speichels erfolgt dabei während der 18. oder 19. Schwangerschaftswoche. Im Falle eines positiven Befundes sollte dieser jedoch nochmals mithilfe einer klassischen Untersuchungsmethode überprüft werden. Dieses neuartige Vorgehen ist noch nicht allzu verbreitet und bedarf noch einiger Verbesserungen; jedoch zeigt es, dass es prinzipiell möglich ist, das Genom eines Kindes auf Erbkrankheiten zu untersuchen, ohne das Risiko einer Fehlgeburt eingehen zu müssen.

Es könnte eingewendet werden, eine ethische Theorie, die wie in diesem Fall sowohl Abtreibung als auch Nichtabtreibung als moralisch legitim bewertet, ebenfalls hochgradig beliebig sei. Dieser Einwand geht jedoch fehl, da von Beliebigkeit nur dann gesprochen werden kann, wenn ein und dieselbe Handlung durch eine ethische Theorie unterschiedlich bewertet werden kann. Hier handelt es sich jedoch um zwei verschiedene Handlungen. Daher wäre der Schluss, dass, wenn Abtreibung

---

[224] Keith L. Moore, T. V. N. Persaud: Embryologie, 2007, Urban & Fischer Verlag, 5. Auflage, S. 8.

moralisch legitim sei, ihr Gegenteil moralisch zu verurteilen wäre, ein Fehlschluss.

Prädiktive genetische Diagnostik
Prädiktive genetische Diagnosemethoden erlauben es, Krankheiten oder Krankheitsdispositionen zu erkennen, bevor erste Symptome auftreten.[225] Bei der nun vorzunehmenden ethischen Bewertung dieses sehr kontrovers diskutierten Themas wird davon ausgegangen, dass das zur Diagnose benötigte genetische Material eines Individuums entweder mit dessen Zustimmung oder aber schmerzfrei erlangt wurde. Ist dies nicht der Fall, scheitert die Durchführung einer solchen Untersuchung an dem Recht auf körperliche Unversehrtheit. Allerdings bereitet es heutzutage keine allzu großen Schwierigkeiten, analysefähiges genetisches Material eines Menschen ohne dessen Zustimmung zu erlangen und ohne ihm Schmerzen zuzufügen. Es stellt sich also die Frage, ob solches oder in ähnlicher Weise erlangtes genetisches Material z.B. zum Zwecke der Vergabe von Arbeitsplätzen oder von Versicherungsverträgen einer genetischen Analyse unterzogen werden darf. In diesem Zusammenhang stellt sich natürlich ebenso die Frage, ob Informationen, die aus einem freiwilligen Gentest stammen, ohne Wissen und Zustimmung des Trägers dieser Erbinformationen anderen Verwendungen zugeführt werden dürfen.

Hier ist es zunächst notwendig festzustellen, in welcher Situation bezüglich der hergeleiteten Rechte sich Individuen ohne das Wissen um ihre genetischen Eigenschaften oder die anderer Menschen befinden. Innerhalb dieses Rahmens ist dann zu untersuchen, wie sich diese Situation mit dem entsprechenden Wissen unter den gegebenen gesellschaftlichen Rahmenbedingungen, als da zum Beispiel wären die Wirtschaftsordnung, die Ausprägung des Sozialsystems, die Verfasstheit von Legislative, Judikative und Exekutive, ändern würde. Unter Verwendung der hier entwickelten Theorie ergibt sich für prä-

---

[225] Vgl. Urban Wiesig, (Hrsg.): Humangenetik – Einführung, in: Ethik in der Medizin, 2000, Reclam Verlag, S. 330 f.

diktive genetische Diagnosemethoden die folgende moralische Wertung.

In Gesellschaft mit einem ausreichend entwickelten Sozialsystem sind prädiktive genetische Diagnosemethoden und die freie Verwendung des gewonnenen Wissens nicht moralisch zu beanstanden, wenn eine Nebenbedingung eingehalten werden kann, auf die noch eingegangen wird. Erlangung und freie Verwendung dieses Wissens werden natürlich dazu führen, dass sich die ökonomischen Selektionskriterien ändern. Es sind also nicht mehr nur gute Zeugnisse oder ein gelungenes Bewerbungsgespräch Voraussetzung zur Erlangung einer Arbeitsstelle, sondern auch genetische Eigenschaften, welche kaum krankheitsbedingte Fehlzeiten und gute Belastbarkeit erwarten lassen. Dies führt erst einmal nur dazu, dass lediglich eine andere Personengruppe staatlich garantierte Sozialleistungen in Anspruch nehmen muss, welche die Erfüllung der hergeleiteten Rechte sichern. Natürlich ist klar, dass sich alsbald die Gruppe derer, die diese sozialstaatlichen Leistungen in Anspruch nehmen, vergrößern wird. Denn die arbeitgeberseitige Motivation zur Verwendung genetischen Wissens liegt ja gerade in der Rekrutierung von so produktiven Mitarbeitern, dass die gleiche Arbeit mit weniger Mitarbeitern erbracht werden kann. Hier muss der Staat nun als erwähnte Nebenbedingung sicherstellen, dass die dadurch generierte Produzentenrente[226] in mindestens dem Maße in die Sozialsysteme umgelenkt wird, dass die hergeleiteten Rechte für die nun größere Gruppe von Sozialleistungsempfängern gesichert werden können.

Alternativ wäre es natürlich auch möglich, ein Wettbewerbsumfeld zu schaffen, in dem bedingt durch eine starke Konkurrenz der Produzenten untereinander die durch die Verwendung genetischer Informationen erhöhte Produzentenrente in Konsumentenrente umgewandelt wird. In diesem Fall könnten die hergeleiteten Rechte einer größeren Gruppe von Sozialleistungsempfängern mit dem gleichen, aber immer noch nötigen Sozial-

---

[226] Als Produzenten gelten hier auch Versicherer, die durch die Verwendung genetischen Wissens ebenfalls ihre Gewinne steigern würden.

budget gesichert werden, denn ohne Geld lässt sich auch keine Konsumentenrente realisieren. Es zeigt sich also, dass die freie Verwendung genetischer Informationen in Staaten mit einem hinreichend ausgeprägten Sozialsystem, welches die genannte Nebenbedingung erfüllt, moralisch nicht zu beanstanden ist, da niemandes hergeleitete Rechte verletzt werden.

Gegenteilig moralisch zu werten ist die freie Verwendung genetischer Informationen in Staaten ohne ein hinreichend ausgeprägtes Sozialsystem oder in Staaten, die die erwähnte Nebenbedingung nicht erfüllen. Denn hier führt dies aus genanntem Grunde nur dazu, dass sich die Gruppe derer, die ohne Einkommen sind und die daher ihre hergeleiteten Rechte selbst nicht mehr wahren können, vergrößert, ohne dass diese Menschen auf lange Sicht durch einen Sozialstaat abgesichert werden. Konkret bedeutet dies, dass den meisten Regierungen unter den gegebenen ökonomischen Bedingungen zu empfehlen ist, die freie Erhebung und Verwendung genetischer Informationen zu untersagen.

Aus der Relevanz des sozialen Sicherungssystems für die Beantwortung der Frage nach der moralischen Wertung von Erhebung und Verwendung genetischer Informationen folgt aber auch, dass kein unmittelbares Recht auf informationelle Selbstbestimmung hinsichtlich der genetischen Veranlagung existiert. Es lässt sich nicht beweisen, dass jeder Mensch ein solches Recht für sich in Anspruch nimmt, schon weil das hinter dieser Begrifflichkeit stehende Konzept den meisten Menschen in weiten Teilen der Welt, welche zwar alle Hunger, Schmerzen usw. kennen, völlig unbekannt ist. Ein Recht auf informationelle Selbstbestimmung kann sich wie gezeigt daher nur mittelbar unter Bezugnahme auf die hergeleiteten Rechte und unter Beachtung der gegebenen sozioökonomischen Rahmenbedingungen konstituieren. Der Einwand, dass die entsprechende Bewertung dieser Rahmenbedingungen nur schwer möglich sei und somit die Anwendung der hier vertretenen ethischen Theorie auf die gegebene Fragestellung nicht praktikabel ist, lässt sich mit einem Blick auf die Tatsachen leicht ausräumen. So ist es gängige Praxis von Versicherern, z.B. beim Abschluss einer Berufsunfähigkeitsversicherung Risiken wie Vorerkrankungen, die einen Eintritt des Versicherungsfalles wahrscheinlicher machen, abzufragen und jegliche Leistungserbringung, die auf dieses Risiko gegründet sein könnte, auszuschließen. Innerhalb eines solchen nicht nur auf Gewinnerzielung, sondern auf Gewinnmaximierung[227] beruhenden ökonomischen Systems bedarf es keiner seherischen Fähigkeiten, um vorherzusagen, dass, sollten genetische Informationen frei zugänglich sein, diese von den Nutzern zur Erzielung eines maximalen Gewinnes genutzt werden, wobei die Verletzung der hergeleiteten Rechte billigend in Kauf genommen wird.

Moralisch zulässig wäre die Nutzung genetischer Informationen nur hinsichtlich des Rechts auf medizinische Versorgung bei schmerzhaften Erkrankungen, also eine beschränkte Nutzung. Hier ist es durchaus denkbar, dass die Behandlung unter Verwendung genetischer Informationen verbessert wird, welche nur zu diesem Zweck verwendet werden dürfen und, sobald sie nicht mehr zur Behandlung oder Forschung nötig sind, vernichtet werden.

Da sich die Frage nach einem »heimlichen Vaterschaftstest« im Kontext dieses Abschnittes auftut, soll auch sie beantwortet werden. So wie einem Kind kein unter allen, sondern nur unter bestimmten Umständen begründbares Recht auf informationelle Selbstbestimmung zukommt, so kommt auch einem Mann kein unbedingtes Recht auf das Wissen um die eigene mögliche Vaterschaft, also der Abstammung eines bestimmten Kindes, zu.[228] Auch hier gilt, dass die Auswirkungen einer Entscheidung unter Berücksichtigung der sozioökonomischen Rahmenbedingungen auf die hergeleiteten Rechte ausschlaggebend für die moralische Bewertung dieser Entscheidung sind. Dies bedeutet, dass es in einem Staat, welcher seinen Bürgern ein oben genanntes soziales

---

[227] Welche ja auch immer eine Steuerlastminimierung impliziert.
[228] Das Wissen um Abstammung und Herkunft ist definitiv kein Menschenrecht. Dies gilt sowohl für Kinder, die den Wunsch haben, die Identität ihres biologischen Vaters zu erfahren, als auch für Väter, die Zweifel an der Abstammung des Kindes haben, für das sie die Elternschaft übernehmen.

Sicherungssystem zur Verfügung stellt und auch die genannte Nebenbedingung garantiert, einerlei ist, ob »heimliche Vaterschaftstests« gestattet oder verboten sind, da in keinem Fall die hergeleiteten Rechte eines der Beteiligten verletzt werden. Sollte der vermeintliche Vater aufgrund eines solchen Tests seine Zahlungen einstellen und der tatsächliche Vater nicht in der Lage sein, das Kind im Hinblick auf die hergeleiteten Rechte zu versorgen, wird das soziale Sicherungsnetz dies tun. Sollten Vaterschaftstests verboten sein, kann eine ungerechtfertigte Unterhaltszahlung in einem solchen Sicherungssystem aber auch nicht dazu führen, dass nun der »falsche« Vater auf seine hergeleiteten Rechte verzichten muss.

Komplizierter wird es, wenn kein solches Sicherungssystem existiert. Denn hier kann es dazu kommen, dass die Erlaubnis von Vaterschaftstests dazu führt, dass die Rechte des Kindes aufgrund ausbleibenden Unterhalts verletzt werden. Ebenso ist es aber auch möglich, dass bei einem Verbot von Vaterschaftstests nun der unterhaltspflichtige vermeintliche Vater aufgrund der zu leistenden Zahlungen nicht mehr in der Lage ist, selbst für die Erfüllung seiner hergeleiteten Rechte zu sorgen, ohne dass ein Sicherungssystem einspringt. Hier ist es nun Aufgabe der Legislative – wenn sie schon nicht für soziale Sicherung sorgen kann – festzustellen, ob Frauen bei der Zuweisung der Vaterschaft ökonomisch starke oder ökonomisch schwache Männer bevorzugen. Im ersten Fall sind Vaterschaftstests zu untersagen, da einer Minderheit von verarmten »falschen« Vätern eine Mehrheit nicht verarmter Kinder mit ebenfalls »falschen«, aber aufgrund ihrer ökonomischen Stärke auch unter Berücksichtigung von Unterhaltszahlungen nicht verarmten Vätern gegenübersteht. Wobei den Tatsachen entsprechend davon ausgegangen wird, dass ökonomische Ressourcen zur Erlangung eines Großteils der hergeleiteten Rechte notwendig sind. Im zweiten Fall sollten Vaterschaftstests erlaubt, ja geboten sein. Denn hier bewirkt die Aufklärung der Vaterschaft, dass Kinder dem tatsächlichen Vater zugeordnet werden, welcher statistisch ökonomisch stärker ist als der vermeintliche, sodass dieser die nun frei werdenden Mittel zur Sicherung der eigenen Rechte einsetzen kann, während der tatsächliche Vater weit besser in der Lage ist, sowohl seine als auch die hergeleiteten Rechte des Kindes sicherzustellen.

Natürlich lässt sich einwenden, dass nicht nur die ökonomische Stärke eines Mannes relevant für die Sicherung der hergeleiteten Rechte eines Kindes ist. Dies ist grundsätzlich richtig, nur gibt es auch umgekehrt keinen Anhaltspunkt dafür, dass sich höhere erzieherische Qualitäten verstärkt bei ökonomisch schwachen Männern finden. Wenn überhaupt, ist das Gegenteil anzunehmen: da erstens ökonomischer Erfolg in den meisten Fällen mit einem gewissen Bildungsniveau einhergeht, also solche Männer die Potenziale ihrer (vermeintlichen) Kinder besser fördern können, und zweitens der soziale Druck im Sinne einer sozialen Geringschätzung auf ökonomisch schwache Männer weitaus stärker wirkt – ein Druck, der durchaus an die Kinder weitergereicht werden kann.

Präimplantationsdiagnostik
Da im Rahmen der Präimplantationsdiagnostik (Pid) Zellen des Embryos im Blastozystenstadium zur Diagnose entnommen und nur solche in den Uterus der Frau transferiert werden, welche keinen Anhaltspunkt auf eine Erkrankung liefern, ist diese Diagnosemethode aus schon genannten Gründen moralisch unbedenklich. Weder werden die hergeleiteten Rechte des Embryos, wenn man ihn im Blastozystenstadium zu den lebenden Menschen zählen will, noch die der Mutter verletzt.

Natürlich kann an dieser Stelle eingewendet werden, dies sei zu kurz gegriffen, da es, würde die Pid ohne Beschränkungen oder überhaupt zugelassen, zu einer Selektion von Eigenschaften ohne Krankheitswert kommen könnte und in Folge dessen zur Diskriminierung von Menschen, die nicht oder nicht in ausreichendem Maße genetisch »optimiert« wurden. Vertreter dieser Argumentation werden jedoch einräumen müssen, dass der Versuch, die genetischen Eigenschaften seiner Nachkommen zu optimieren, an der Tagesordnung und völlig normal ist, nur dass die Menschen dabei heute mehr Möglichkeiten haben als noch vor wenigen Jahren – und dass die Diskriminierung des

Schwachen durch den Starken, des weniger Intelligenten durch den Intelligenteren ebenfalls an der Tagesordnung ist. Allerdings machen sie für diese Diskriminierung nicht genetische Eigenschaften verantwortlich[229], sondern sehen den Grund für solches Verhalten richtigerweise in einer fehlerhaften Erziehung und in einem diskriminierungsfördernden sozioökonomischen Umfeld. Den Nachweis, warum die Pid als lediglich effektivere Methode zur Erreichung desselben Ziels – d. h. der genetischen Optimierung der eigenen Nachkommen – dazu führen soll, dass sich die Gründe für Diskriminierung[230] nun vollkommen ändern, weg von sozioökonomischen Faktoren hin zu einer bestimmten Diagnosemethode bleiben die Gegner der Pid, welche o. g. Argumentation verwenden, vollkommen schuldig. Daher spricht aus dieser Perspektive nichts gegen die Durchführung der Präimplantationsdiagnostik. Sollte sich herausstellen, dass die so geborenen Menschen deutlich stärker zur Diskriminierung, welche die hergeleiteten Rechte verletzt, neigen als die unter gleichen Bedingungen aufgewachsenen, aber durch natürliche Auslese geborenen, dann erst ist die Pid moralisch zu verurteilen – nun jedoch aufgrund eines sicheren empirischen Beweises und nicht wie heutzutage aufgrund zweifelhafter Argumentation.

Die wahre Crux der Pid liegt in den schon angesprochenen sozioökonomischen Gründen. So wurde in der Bundestagsdebatte zum Umgang mit der Pid von deren Gegnern vorgebracht, dass sich Eltern, die ein behindertes Kind zur Welt bringen, im Falle der Legalisierung der Pid nun für ihre Entscheidung rechtfertigen müssen und man daher deren Anwendung untersagen sollte. Dies mag stimmen, ist aber trotzdem nicht nur vor dem Hintergrund der hier vorgeschlagenen ethischen Theorie ein

---

[229] Würden sie das tun, müssten sie sich konsequent für die Pid und alle nötigen Eingriffe am Erbgut eines Embryos einsetzen, mit dem Ziel, dass alle Menschen möglichst identisch sind oder um ein mögliches »Diskriminierungsgen« auszuschalten, um so der heutigen Diskriminierung endgültig den Garaus zu machen.
[230] Die ja auch nur dann moralisch verurteilt werden kann, wenn sie die hergeleiteten Rechte verletzt.

äußerst schwaches Argument; denn der Umstand, dass sich in der Bundesrepublik Deutschland, auf die sich dieses Gesetzesvorhaben bezieht, fast alle Bürger täglich für ihre Handlungen vor anderen rechtfertigen müssen, ist ein allgemein akzeptierter – eben weil der Akt der Rechtfertigung in Deutschland als Rechtsstaat keine physische Verletzung der Person, in welcher Form auch immer, nach sich zieht. Folglich gilt, dass, selbst wenn durch die Legalisierung der Pid ein Rechtfertigungdruck entsteht und man diesen als Diskriminierung begreifen will, dies durch die ethische Theorie des genetischen Codes als Invariante menschlicher Moral nicht als unmoralisch zu tadeln wäre. Hinsichtlich einer möglichen ökonomischen Diskriminierung lässt sich hier die Argumentation bezüglich der prädiktiven genetischen Diagnosemethoden wiederholen. Ob mit oder ohne konkretes Wissen eines Arbeitgebers um die genetischen Eigenschaften seiner Arbeitnehmer – es ist zu erwarten, dass sich auf lange Sicht die im Rahmen der Pid genetisch optimierten Menschen aufgrund höherer Produktivität im Wettbewerb um Arbeitsplätze durchsetzen werden, mit den schon skizzierten Folgen für die Anzahl derjenigen Menschen, welche auf Sozialleistungen angewiesen sind. Dies wiederum bedeutet, dass, wenn ein Staat die Pid legalisiert, er gleichzeitig wie ebenfalls schon aufgezeigt für eine entsprechende Ausstattung der sozialen Sicherungssysteme oder für ein entsprechendes Wettbewerbsumfeld sorgen muss. In einem solchen Fall spricht nichts gegen eine Legalisierung der Präimplantationsdiagnostik.

Gentherapie
Mithilfe der somatischen Gentherapie wird versucht, Erkrankungen durch das Einbringen von genetischen Informationen in die Körperzellen zu behandeln. Es handelt sich bei dieser Therapieform um ein medizinisches Heilverfahren, welche wie jede andere Therapieform auch einen therapeutischen oder präventiven Nutzen stiften soll. Und sie ist wie jede andere auch mit Risiken und Nebenwirkungen behaftet. Daher unterscheidet sie sich nicht grundsätzlich von anderen Therapieformen, auch wenn bezüglich der Nebenwirkungen noch erheblicher Forschungs-

bedarf besteht.[231] Auch hinsichtlich der Erforschung sowie der klinischen Tests unterscheidet sie sich nicht grundsätzlich von konventionellen Therapieformen, als diese sich im gleichen Entwicklungsstadium befanden.[232] Bezüglich der Nebenwirkungen lässt sich wenn auch auf kleiner Datenbasis zum Immundefekt-Syndrom X-SCID feststellen, dass diese nicht größer sind als die vergleichbarer Therapieformen.[233] Die somatische Gentherapie stellt also einen Ansatz dar, der sich nicht grundsätzlich von anderen Therapieformen unterscheidet, welche genutzt werden müssen, um das Recht eines Menschen auf medizinische Versorgung hinsichtlich schmerzhafter Erkrankungen sicherzustellen. Daher ist die somatische Gentherapie im Rahmen der hier vertretenen ethischen Theorie nicht zu beanstanden.

Anders stellt sich diese Bewertung in Bezug auf eine andere Methode der Gentherapie, der sogenannten Keimbahntherapie, dar. Hier erfolgt der Transfer genetischer Information in die Keimbahnzellen des Menschen mit der Folge, dass diese genetische Veränderung auch an die Nachkommen vererbt wird. Dies ist zwar prinzipiell erwünscht, da der Behandlungserfolg somit an die Nachkommen weitergegeben werden kann. Anderseits ist der derzeitige Wissensstand hinsichtlich der Gentherapie so gering, dass wahrscheinlich auch schwere Nebenwirkungen vererbt werden. Dies verstößt aber gegen das Recht eines jeden Menschen auf ein schmerzfreies Leben. Diese Bewertung bezieht sich allerdings nur auf die Anwendung dieser Therapieform, nicht jedoch auf ihre Erforschung. Wird durch diese Forschung ein Wissensstand erreicht, welcher unerwünschte Nebenwirkungen für die Nachkommen ausschließt, ist die Anwendung der Keimbahntherapie im Rahmen der hier entwickelten ethischen Theorie statthaft.

[231] Deutsche Forschungsgemeinschaft (Hrsg.): Entwicklung der Gentherapie – Stellungnahme der Senatskommission für Grundsatzfragen der Genforschung, 2006, S. 4 (http://www.dfg.de/download/pdf/dfg_im_profil/geschaeftsstelle/publikationen/entwicklung_gentherapie_0612_dt.pdf).
[232] Ebd., S. 13–15.
[233] Ebd., S. 8.

6. Abschließende Gedanken

Die Theorie des genetischen Codes als Invariante menschlicher Moral verwendet also drei Axiome, die meines Erachtens einen hohen Grad an Plausibilität erreichen. Dies zeigt sich nicht nur an der Frage, was moralisch verbindlich sein sollte wenn nicht die Rechte, die jeder Mensch für sich in Anspruch nimmt, sondern auch daran, dass sich diese Axiome keinen A–priori-Einwänden ausgesetzt sehen wie zum Beispiel die Rawl'sche Annahme, dass Menschen in Entscheidungssituationen keinen Neid kennen. Es soll aber nicht bestritten werden, dass ebenso plausible Alternativen zu diesen Axiomen existieren können. Der entscheidende Vorteil dieser ethischen Theorie liegt in der Verbindung des ersten Axioms mit dem zweiten. Gegen dieses zweite Axiom lassen sich hinsichtlich seiner Plausibilität kaum noch Einwände vorbringen, da die Verwendung dieses Axioms an der Tagesordnung ist. Was nun den genetischen Code des Menschen angeht, so ist dieser zwar wichtig, stellt jedoch im Gegensatz zu den verwandten Axiomen keine tragende Säule dieser ethischen Theorie dar. Er ist ein wesentliches Element der hier entwickelten Theorie, bildet aber nicht ihre eigentliche Grundlage. Wenn dies so wäre, wäre eine solche Theorie nicht widerspruchsfrei, wenn, wie man annehmen kann, auch antisoziale, egoistische und andere Handlungsmotivation in ihm codiert sind.

Würde der genetische Code als Grundlage einer ethischen Theorie dienen, müsste erklärt werden, warum bestimmte seiner Eigenschaften in diese Theorie einfließen, andere aber nicht. Die Heranziehung des genetischen Codes in der vorliegenden ethischen Theorie dient gemäß der zweiten axiomatischen Setzung nur zur Identifikation derjenigen Rechte, die alle Menschen für sich in Anspruch nehmen. Durch diesen Prozess wird das erste Axiom mit Inhalt gefüllt. Und zwar und dies ist der große Vorteil der Theorie des genetischen Codes als Invariante menschlicher Moral mit einem nicht beliebigen Inhalt. Das zweite Axiom falsifiziert den Inhalt des ersten. Der Schluss von diesem Inhalt auf die Rechte und Pflichten aller wird dann durch das erste Axiom vollzogen. Das dritte Axiom sichert, dass sich die potenziellen Folgen der Theorie des genetischen Codes als Invariante menschlicher Moral auch realisieren lassen. So kann man auf Basis dreier plausibler Axiome – und Wissenschaft macht immer von plausiblen Axiomen Gebrauch – eine ethische Theorie entwickeln, welche die Moralphilosophie weg von der Spekulation hin zu einer wissenschaftlichen Herangehensweise führt, welche falsifizierbare Ergebnisse liefert.

Bevor ich schließe, möchte ich noch einige Erläuterungen geben und im vorab auf Einwände reagieren, die vorgebracht werden könnten. Wie dargestellt hat jeder Mensch das Recht auf ausreichende Nahrungsversorgung, ausreichende Trinkwasserversorgung, eine beheizbare Wohnung und Bekleidung sowie Schmerzfreiheit und entsprechende medizinische Versorgung bei schmerzhaften Erkrankungen. Genauso hat er aber auch das Recht auf Schlaf, die Verrichtung seiner Notdurft und Ähnliches. Dies ließe sich ebenso beweisen wie die in Abschnitt vier herausgearbeiteten Rechte. Es wurde jedoch darauf verzichtet, da gegen die in Abschnitt vier genannten Rechte am häufigsten verstoßen wird, obschon Schlafentzug als Verhörmethode Verwendung findet.

Ein Einwand, dem ich an dieser Stelle begegnen möchte, lautet, dass es die hier entwickelte ethische Theorie einem Staat verbietet, auf potenzielle Gefährdungen wie z. B. durch Sprengstoffanschläge zum Schutz seiner Bürger angemessen zu reagieren, da die Beschaffung von Sprengstoff, der Bau einer Bombe und die Vorbereitung eines Sprengstoffanschlages selbst noch nicht die hergeleiteten Rechte aller Menschen verletzt. Eine derartige Situation lässt nur zwei Szenarien zu. Erstens: Ein Staat erlangt keine Kenntnis von den Anschlagsvorbereitungen, sodass der Anschlag stattfindet. In diesem Fall wurde von einem Individuum oder einer Gruppe von Individuen gegen die hergeleiteten Rechte aller Menschen verstoßen, so welche zu Schaden gekommen sind. Als Strafmaßnahme und zur Verhinderung einer Wiederholungstat kann eine auch zeitlich unbegrenzte Haftstrafe ausgesprochen werden. Zweitens: Ein Staat erlangt Kenntnis von den Anschlagsvorbereitungen. In diesem Fall kann er dem/

den potenziellen Attentäter(n) schlicht und einfach die für einen Anschlag erforderlichen Mittel entziehen, sie mit einer elektronischen Fußfessel ausstatten, für den Rest ihres Lebens unter Beobachtung halten und an den öffentlichen Pranger stellen. Mit dem Wissen leben zu müssen, dass man für den Rest seines Lebens keine private Minute mehr hat und auch in intimen Momenten immer mit Beobachtung rechnen muss, scheint mir eine härtere Strafe als einige Jahre Gefängnis. Dies sollte ausreichen, um einen Staat auch unter Anwendung der hier vorgeschlagenen ethischen Theorie sehr wohl in die Lage zu versetzen, die öffentliche Sicherheit zum Schutz seiner Bürger zu wahren.

Eines bitte ich – auch bezogen auf den genannten Einwand – stets zu bedenken. Die Zahl der Menschen, die eine Verletzung der hergeleiteten Rechte ertragen müssen, bewegt sich im Milliardenbereich. Die konsequente Anwendung der hier vorgeschlagenen ethischen Theorie, insbesondere die Legitimation des Diebstahls in den genannten Grenzen, würde diese Zahl erheblich reduzieren. Denn Tatsache ist, dass die Vielzahl von Menschenrechtsverletzungen die daraus resultierende Möglichkeit zur Besitzakkumulation, welche von den derzeitigen Rechts- und Moralsystemen geschützt wird, zur Grundlage hat. Dem gegenüber stünde, bei Anwendung der hier vertretenen ethischen Theorie, eine vergleichsweise mikroskopische Zahl an Menschenrechtsverletzungen, die sich möglicherweise durch allerlei Spitzfindigkeiten konstruieren lassen. Das heißt, das Leid auf diesem Planeten würde drastisch reduziert. Hier zeigt sich, dass die Theorie des genetischen Codes als Invariante menschlicher Moral keine utilitaristischen Elemente enthält. Es wird kein Glück mit Unglück oder Freude mit Leid verrechnet, sondern das Leid minimiert.

Ich hoffe, eine ethische Theorie aufgezeigt zu haben, welche wissenschaftlichen Standards nahekommt oder genügt, kulturinvariant ist und die begründbaren Rechte der Menschen schützt. Inwieweit mir dies gelungen ist, mag der Leser selbst entscheiden.

Literaturverzeichnis

Bentham, Jeremy: Eine Einführung in die Prinzipien der Moral und der Gesetzgebung, in: Höffe, Otfried (Hrsg.): Einführung in die utilitaristische Ethik, 3. Auflage, Tübingen, A. Francke Verlag, 2003.

Betz, Eberhard/Reutter, Klaus/Mecker, Dieter/Ritter, Horst: Biologie des Menschen, 15. Auflage, Hamburg, Nikol Verlag, 2007.

Billings, Paul/Koliopoulus, Sophia: Was ist das Humangenom?, in: Mattei, Jean-Francois (Hrsg.): Das menschliche Genom – ethisch betrachtet, o. O., Lit Verlag, 2004.

Daly, Herman E.: Wirtschaft jenseits von Wachstum, Salzburg, Verlag Anton Puste, 1999.

Deetjen, Peter/Speckmann, Erwin-Josef/Hescheler, Jürgen (Hrsg.): Physiologie, 4. Auflage, München, Urban & Fischer Verlag, 2005.

Derbyshire, Stuart W. G.: Fetal „Pain" – A Look at the Evidence, in: American Pain Society Bulletin, Illinois, Volume 13, Number 4, 2003.

Deutsche Forschungsgemeinschaft (Hrsg.): Entwicklung der Gentherapie – Stellungnahme der Senatskommission für Grundsatzfragen der Genforschung, http://www.dfg.de/download/pdf/dfg_im_profil/geschaeftsstelle/publikationen/entwicklung_gentherapie_0612_dt.pdf (Stand 2006), abgerufen am 24.12.2013.

Dieckheuer, Gustav: Internationale Wirtschaftsbeziehungen, 5. Auflage, München, Oldenbourg Wissenschaftsverlag, 2001.

Hemmer, Hans-Rimbert: Wirtschaftsprobleme der Entwicklungsländer, 3. Auflage, München, Verlag Vahlen, 2002.

Höffe, Otfried (Hrsg.): Einführung in die utilitaristische Ethik, 3. Auflage, Tübingen, A. Francke Verlag, 2003.

Hofstadter, Douglas R.: Gödel Escher Bach – ein Endloses Geflochtenes Band, 11. Auflage, München, Deutscher Taschenbuch Verlag, 2007.

International Association for the Study of Pain, 1510 H Street NW, Suite 600, Washington, D.C. 20005-1020, USA, http://www.iasp-pain.org/Taxonomy?navItemNumber=576#Pain, (Stand 2012) abgerufen am (19.11.2014).

Kant, Immanuel: Grundlegung zur Metaphysik der Sitten, Hamburg, Felix-Meiner Verlag, 1999.

Koller, Peter: Die Grundsätze der Gerechtigkeit, in: Höffe, Otfried (Hrsg.): Eine Theorie der Gerechtigkeit, 2. Auflage, Oldenbourg, Akademie Verlag, 2006.

Krugman, Paul R./Obstfeld, Maurice: International Economics – Theory and Policy – o. O., 5. Auflage, Addison-Wesley Publishing Company, 2000.

Maus, Ingeborg: Der Urzustand, in: Höffe, Otfried (Hrsg.): Eine Theorie der Gerechtigkeit, 2. Auflage , Oldenbourg , Akademie Verlag, 2006.

Mill, John Stuart: Utilitarianism. Der Utilitarismus, Stuttgart, Reclam, 2006.

Moore, Keith L./Persaud, T. V. N.: Embryologie, 5. Auflage, München, Urban & Fischer Verlag, 2007.

Pauer-Studer, Herlinde: Einführung in die Ethik, Wien, Facultas Verlag, 2003.

Popper, Karl: Logik der Forschung, Tübingen, Mohr Siebeck, 2005.

Rawls, John: Eine Theorie der Gerechtigkeit, Frankfurt am Main, stw, 2003.

Russell, Bertrand: Erscheinung und Wirklichkeit; Die Existenz der Materie, in: Probleme der Philosophie, Frankfurt am Main, Suhrkamp Verlag, 1967.

Schmid, Jeannette: Lügen im Alltag – Zustandekommen und Bewertung kommunikativer Täuschungen, o. O., LIT Verlag, 2000.

Schmidt, Robert F. (Hrsg.): Neuro- und Sinnesphysiologie, 3. Auflage, Berlin, Springer Verlag, 1998.

Schmidt, Robert F./Lang, Florian (Hrsg.): Physiologie des Menschen: mit Pathophysiologie, Heidelberg, 30. Auflage, Springer Verlag, 2007.

Schönecker, Dieter/Wood, Allen W.: Kants „Grundlegung zur Metaphysik der Sitten", 3. Auflage, Paderborn, Verlag Ferdinand Schöningh, 2007.

Serres, Michel/Farouki, Nayla (Hrsg.): Thesaurus der exakten Wissenschaften, 2. Auflage, Frankfurt am Main, Verlag Zweitausendeins, 2001.

Stei, Erik: Gerechtigkeit und politischer Universalismus – John Rawls Theorie der Gerechtigkeit. Eine kritische Analyse der Rechtfertigungsleistung, Marburg, Tectum Verlag, 2007.

Strachan, Tom/Read, Andrew P.: Molekulare Humangenetik, 3. Auflage, München, Spektrum Akademischer Verlag, 2005.

Tarski, Alfred: Der Wahrheitsbegriff in den formalisierten Sprachen, in: Berka, K./Kreiser, L. (Hrsg.): Logik-Texte. Kommentierte Auswahl zur Geschichte der modernen Logik. 4. Auflage , Berlin, Akademie-Verlag, 1986.

Tortora, Gerard J./Derrickson, Brayn H.: Anatomie und Physiologie, Weinheim, Wiley-VCH Verlag, 2006.

Wiesig, Urban (Hrsg.): Humangenetik – Einführung, in: Ethik in der Medizin, Stuttgart, Reclam Verlag, 2000.

Witkowski, Regine/Prokop, O./Ullrich, E./Thiel, G.: Lexikon der Syndrome und Fehlbildungen: Ursachen, Genetik, Risiken, 7. Auflage, Berlin, Springer Verlag, 2003.